高职高专财经商贸类专业精品课程系列教材

# 品牌管理实务

pinpai guanli shiwu

主　编　张　荣
副主编　田　晨
主　审　丁　勇

苏州大学出版社
Soochow University Press

图书在版编目(CIP)数据

品牌管理实务/ 张荣主编. —苏州：苏州大学出版社,2016.1(2019.6 重印)
高职高专财经商贸类专业精品课程系列教材
ISBN 978-7-5672-1672-3

Ⅰ.①品… Ⅱ.①张… Ⅲ.①品牌-企业管理-高等职业教育-教材 Ⅳ.①F273.2
中国版本图书馆 CIP 数据核字(2016)第 025567 号

**品牌管理实务**

张　荣　主编

责任编辑　施小占

苏州大学出版社出版发行
(地址：苏州市十梓街1号　邮编：215006)
宜兴市盛世文化印刷有限公司印装
(地址：宜兴市万石镇南漕河滨路58号　邮编：214217)

开本 787 mm×1 092 mm　1/16　印张 11.75　字数 264 千
2016 年 1 月第 1 版　2019 年 6 月第 2 次印刷
ISBN 978-7-5672-1672-3　定价：40.00 元

苏州大学版图书若有印装错误，本社负责调换
苏州大学出版社营销部　电话：0512-67481020
苏州大学出版社网址　http://www.sudapress.com
苏州大学出版社邮箱　sdcbs@ suda.edu.cn

# 编写说明

品牌是产品或服务的象征，所涵盖的领域，包涵核心价值、对消费者的承诺、形象、信誉、企业文化，以及总体经营管理。因此，说品牌是企业总体竞争力的总和，一点都不为过。事实上，企业品牌与国家形象正相关，知名国际品牌是响亮的国家名片，对于提升国家影响力和文化软实力具有重要作用。当前，中国正面临着从中国制造向中国创造转变、中国速度向中国质量转变、中国产品向中国品牌转变的变革，尤其在当前的买方市场环境下，品牌的知名度与美誉度将极大地影响消费者的购买行为，因此做强做大民族品牌，于企业于国家都是迫在眉睫的事情。

知道品牌管理的重要性，但如何进行品牌管理，则是更实际的议题。因此，本书以品牌运营过程来设置各项目，项目之间彼此衔接，通过各项目的学习，学生对于品牌运营流程将了如指掌。

该书的特点主要有：一是立足品牌工作岗位，采用项目化编写，更符合职业教育需求；二是辅以大量案例，图文并茂，生动形象，趣味性强，满足职业院校学生的学习需求。

本书由江苏食品药品职业技术学院张荣主编，田晨为副主编，具体分工如下：张荣编写项目一、项目三到项目八，田晨编写项目二。全书由张荣负责整体构思、编写提纲、修改定稿。

在本书的编写过程中，引入了众多企业的实际案例，参考了大量书籍、刊物以及网络资源。对此，我们对于上述文献资料的作者深表感谢和由衷的敬意。同时，在出版的过程中，还得到了苏州大学出版社及编辑的大力支持，在此表示衷心的感谢。

由于作者水平有限，书中难免有不足之处，恳请读者不吝赐教！

# 目录

## 项目一 品牌体验
- 任务一 品牌认知 ... 2
- 任务二 品牌识别 ... 6

## 项目二 品牌调研
- 任务一 品牌调研的程序 ... 15
- 任务二 品牌调研的方法 ... 22
- 任务三 品牌调研的内容 ... 32

## 项目三 品牌定位
- 任务一 品牌定位 ... 43
- 任务二 品牌文化塑造 ... 51
- 任务三 品牌个性塑造 ... 56

## 项目四 品牌元素设计
- 任务一 品牌名称设计 ... 66
- 任务二 品牌标志设计 ... 72

## 项目五 品牌战略
- 任务一 多品牌战略 ... 89
- 任务二 家族品牌战略 ... 97
- 任务三 品牌延伸战略 ... 99

## 项目六 品牌推广
- 任务一 包装宣传 ... 111

任务二　广告传播　　116
　　任务三　公共关系传播　　127
　　任务四　新型传播方式　　134

## 项目七　品牌评估
　　任务一　品牌资产分析　　148
　　任务二　品牌价值评估　　154

## 项目八　品牌管理
　　任务一　品牌老化　　165
　　任务二　品牌再生　　168
　　任务三　品牌全球化　　174

## 参考文献　　180

# 项目一 品牌体验

 引导案例

### 无印良品的品牌之道

无印良品诞生的20世纪80年代初期是一个迷乱的年代,当时的日本经济泡沫正处于膨胀发酵期,一向以喜好储蓄和节俭出名的日本人在银座排队购买LV包,市场上名牌盛行和过度追求包装的现象越来越严重。当时主流的做法就是用视觉强化品牌识别,但西友株式会社的总裁堤清二却觉得喧嚣的市场过于浮华夸张,因而提出了"反品牌"的想法。

"无印"在日文中是"没有花纹"的意思,也就是没有商标,"良品"就是指好东西。"无印良品"就是"无品牌的优良产品"。无印良品的标志简单明确,上方的英文名称MUJI与下方的日文名称结合体现了本土性与国际性风格的紧密结合(见图1-1)。

图1-1 无印良品的标志

极简是无印良品的最大特点之一。它的产品拿掉了商标,省去了不必要的设计,去除了一切不必要的加工和颜色,简单到只剩下素材和功能本身。除了店面招牌和纸袋上的标识之外,在所有无印良品商品上,顾客很难找到其品牌标记。在无印良品专卖店里,除了红色的"MUJI"方框,顾客几乎看不到任何鲜艳的颜色,大多数产品的主色调都是白色、米色、蓝色或黑色。

虽然极力淡化品牌意识,但它遵循统一设计理念所生产出来的产品无不诠释着"无印良品"的品牌形象,它所倡导的自然、简约、质朴的生活方式也大受品位人士的推崇。

这个案例告诉我们,发展品牌策略,重要的不是品牌本身的设计、定位、形象宣传等,而是用心去做好产品,创造出真正的"良品",此时便能做到以无品牌胜有品牌。

资料来源:李艳.用好设计,创造成功[J].中国台北:上奇咨询股份有限公司,2014.

**知识目标**

1. 了解品牌的由来；
2. 掌握品牌内涵及品牌识别；
3. 掌握品牌分类及功能。

 **能力目标**

能够运用品牌识别知识分析企业品牌。

 **任务分解**

任务一：品牌认知
任务二：品牌识别

## 任务一  品牌认知

**思考案例**

现存的宋朝"济南刘家功夫针铺白兔商标"是目前我国已知最早商标。印刷这一商标的铜板原是上海博物馆藏品，现陈列在北京历史博物馆，铜板长12.4厘米，宽13.2厘米，近似方型。上端横写"济南刘家功夫针铺"，中间是白兔捣药图，左右两侧书"认门前白兔儿为记"的字样，下有"收买上等钢条，造功夫细针……"等告白七行。

这简单生动的文字和画面，表明了刘家针铺门前是以白兔为标记的，所造功夫细针采用的是上等钢材，坚固耐用，质地精良，在当时的社会上享有一定的信誉。

图 1-2　刘家功夫针铺白兔商标

## 一、品牌的由来

试想一下,面对一双去掉耐克或"Swoosh"商标的跑鞋或篮球鞋,一瓶没有可口可乐或是百事可乐商标的可乐,消费者将会如何反应?如果歌帝梵(Godiva)巧克力换成了其他名字还那么美味可口吗?普通的牛仔服也能够拥有如同迪赛(Diesel)和卡尔文·克莱恩(Calvin Klein)般的声誉吗?这或许就是品牌的魅力之所在吧。

"品牌"最初来源于人们要标记自己家所饲养的家畜或是自己的私产。那时,给牛马打上烙印(brand)的做法在英国的农村中颇为盛行,农场主们则把这种做法称为Branding。这些烙印起着标示财产权和所有权的作用,实际上相当于是在郑重宣称"此物有主、请勿乱动"。品牌的英文单词"Brand"源出古挪威文Brandr,意为"烧灼"。

早在远古时期,工匠们就在墙上和器皿上做标记,以示自己的创作权。在法国南部的拉斯科岩洞的墙壁上,不但绘有野牛的图样,而且还有标记创作者的手印。这些岩画和手印可以追溯到大约公元前1.5万年。进入奴隶社会和封建社会后,随着生产力的提高,商品交易日渐频繁,人们开始用文字或图形标记的形式来实现与其他产品或者制造商的区分,加深产品在顾客心目中的印象。

在中世纪的欧洲,许多产品没有品牌,生产者和中间商把产品直接从桶、箱子等容器内取出来销售,无须供应商的任何辨认凭证。后来经过各个行会的努力,要求手工业者把商标加在其产品上,如陶工在陶坯底部印上象征产地的标记以强调产品的品质;无疑,这些就是"品牌"的雏形。

在美国,品牌的发展始于南北战争后,当时全国性的公司和全国性的广告媒体得到了发展,那时出现的众多品牌,部分至今仍在使用,如李维斯、百事可乐等。

随着品牌的识别与传播功能逐渐明晰,为保护品牌和促进良性竞争,西方一些国家先后制造出一系列法律法规,用以保障商品生产者、销售者和消费者的相关权益,商标法因此应运而生。19世纪初,法国出现了世界上最早的有关商标的法律条文;随后,英国、美国、德国、日本相继颁布各自的商标法,如1266年《面包商标法》在英国通过,它要求在面包上盖图章或刺刻标记以示生产商;1883年的《保护工业产权巴黎公约》和1891年的《商标国际注册马德里协定》使商标制度步入国际化轨道。总之,商标制度在19世纪末20世纪初风行世界,品牌被赋予了严格意义上的法律属性。《中华人民共和国商标法》自1983年3月1日施行后,中国开始对"商标专用权"进行法律保护。

## 二、品牌内涵及其演变

20世纪50年代以后,品牌逐渐向更加专业化的方向发展,品牌的外延与内涵都有了不同程度的拓展。

世界著名广告大师大卫·奥格威(1955)认为:"品牌是一种错综复杂的象征,它是品牌的属性、名称、包装、价格、历史、声誉、广告风格的无形综合。品牌同时也因消费者对其使用的印象及自身的经验而有所界定。"这是个比较有代表性的定义,它较为完整地概括了品牌,但对于消费者在品牌中所起的作用、所处的位置并没有明确的体现。

1960年,美国市场营销协会(American Marketing Association)认为品牌是"用以识别一个或一组产品或劳务的名称、术语、象征物、标志或设计及其组合,以和其他竞争者的产品或劳务相区别"。这一定义强调了品牌的基本功能——识别与区分功能,而忽略了品牌的理念、文化、个性等内在因素。

20世纪90年代之后,用美国西北大学教授唐·舒尔茨(Don E. Schultz)的一句话说,品牌即由过去的"请消费者注意"变为"请注意消费者"。

我国品牌学学者余明阳在综合了多种学说后,将品牌定义为:"品牌是能给拥有者带来溢价、产生增值的一种无形资产,它的载体是用以和其他竞争者的产品或劳务相区分的名称、术语、象征、记号或设计及其组合,增值源泉来自于在消费者心智中形成的关于其载体的印象。"

事实上,品牌作为一个复合的概念,其含义体现在以下几个方面:

(1)区别竞争对手是品牌的本质属性,品牌的内涵与形式都是为了区别于竞争对手和同类品牌而展开的。

(2)消费者是品牌战略实施的核心,品牌战略的实施都是基于消费者而展开的。

(3)品牌提供给消费者的不止是产品或服务等显性要素,还包含品牌理念、品牌文化等隐性要素,这些隐性要素可有效帮助产品或服务增加附加值。

## 二、品牌的功能

品牌具有多方面的功能,可有效地帮助品牌持有者稳定或开拓市场疆域,促进品牌无形资产的增值,也可帮助消费者快速辨识产品,降低购买风险。

### (一)识别功能

识别功能是品牌的基本功能。它可以通过品牌识别设计向消费者传达品牌的相关信息,以个性鲜明的品牌特征实现与竞争对手的区别,帮助品牌在各类信息构筑的洪流中凸显出来,提高消费者对品牌的认知度。

**小案例**

在很久很久以前的美国,一个妈妈叫小孩去买冲泡用的速溶奶粉,小孩问:"妈妈,我要买什么牌子?"妈妈说:"你就去买上面写牛奶(MILK)的就对了。"小孩觉得怪怪的,但是还是跑去商店看一看,眼睛一亮:"找到了,就是这个。"然后抱着这罐速溶奶粉回家,罐子上面写着 KLIM（克宁）奶粉，因为倒过来看就是"MILK"。

几百年来，品牌一直是不同生产者间产品的区分方式，我们可以想一想，速溶奶粉有十几种，怎么区分谁是谁呢？所以品牌对于生产者或消费者来说都是一个重要的辨识标的。

（二）增值功能

品牌的宣传推广活动可以帮助品牌引起消费者的注意和记忆，甚至产生认同感，进而促进产品的销售；品牌作为一种无形资产，可以提升产品或服务的附加价值，使企业获得相对较高的利润；伴随着品牌的成长，品牌的价值也会得到增长；品牌可以被作为商品买卖也是其具有增值功能的体现。

### 扩展阅读

2015 年 Interbrand 发布了第 16 届最佳全球品牌排行榜，榜单评选了全球 100 个最具价值品牌，苹果和谷歌连续三年占据排行榜前两位。对于中国品牌而言，华为排名跃升至 88 位，联想成为继华为之后第二个登上 Interbrand 最佳全球品牌排行榜的中国品牌。表 1-1 为 2015 年全球最具价值品牌的前 10 名。

表 1-1  2015 年全球 100 个最具价值品牌前 10 名

| 排名 | 品牌名称 | 品牌价值（亿美元） | 国家 | 品牌增长价值 |
| --- | --- | --- | --- | --- |
| 1 | 苹果 | 1 702.76 | 美国 | +43% |
| 2 | 谷歌 | 1 203.14 | 美国 | +12% |
| 3 | 可口可乐 | 784.23 | 美国 | -4% |
| 4 | 微软 | 676.7 | 美国 | +11% |
| 5 | IBM | 650.95 | 美国 | -10% |
| 6 | 丰田 | 490.48 | 日本 | +16% |
| 7 | 三星 | 452.97 | 韩国 | +0% |
| 8 | 通用电器 | 422.67 | 美国 | -7% |
| 9 | 麦当劳 | 398.09 | 美国 | -6% |
| 10 | 亚马逊 | 379.48 | 美国 | +29% |

资料来源：腾讯微信 http://mp.weixin.qq.com/.

（三）保护功能

品牌的保护功能是双向的。品牌既可以有效地保护品牌所有者的法律权益，防止他人对品牌名称、品牌商标等侵权，还可以保护消费者的相关权益，一旦消费者遇到产品或服务质量的问题，可以追究品牌所有者的责任。

（四）保证品质

质量是品牌的灵魂，是品牌构建的基础与本质。只有依托稳定的产品质量，才能塑造稳

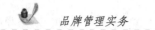

固的品牌形象,对于消费者而言,品牌象征着对质量的承诺。品牌也只有通过确保自己的品质,才能不断增强消费者对品牌的信赖感,提升品牌的忠诚度。

### 扩展阅读

#### 无品牌策略之原因

品牌所有权有两个基本责任:促销品牌以及保持稳定的品质。很多企业并不立产品品牌,其原因主要是他们无法或不愿意承担这两项责任。

有些产品不标识品牌,主要因无法与其他公司的产品区别。衣架、大头针和原料品(煤、棉、小麦)等都是很少有品牌名称的产品。会腐化的产品如新鲜水果和蔬菜,也无法标示品牌。不过,像 Dole(都乐)、Chiquita(金吉达)等品牌的推广,显示农产品也可能有成功的品牌。

## 任务二　品牌识别

### 一、品牌识别

品牌识别(brand identity)是品牌的身份证,提供品牌的愿景、价值、目的与意义。因此品牌识别是独特的品牌联想,从而区别于竞争者,如组织成员对顾客的承诺,与顾客间建立关系,并给与功能、情感与自我表现的利益。

品牌负责人如果想要让旗下品牌的识别具有广度和深度,必须将品牌当成产品、企业、人、符号、个性、文化、关系、反射、自我形象与政策(见表1-2)。虽然有不同的概念,但是它们有一个共同的目的,就是要帮助品牌管理人更完整地顾及品牌的不同层面,并且利用这些层面,让品牌识别显得更清晰、更丰富、更与众不同。

表1-2　品牌识别来源

| 品牌识别来源 | 说　　明 |
| --- | --- |
| (1)品牌是产品 | 品牌价值根植于产品 |
| 品牌与"产品类别"结合 | 提到 Haagen-Dazs 时,就想到了冰激淋 |
| 品牌与"产品属性"结合 | 7-Eleven 提供更方便的服务 |
| 品牌与"高品质即高价值感"结合 | 星巴克"高品质咖啡"的品牌识别 |
| 品牌与"产品用途"结合 | 当运动补充体力时,会想到"红牛" |
| 品牌与"产品使用者"结合 | 慧俪轻体(weight watcher)以减肥人士为对象 |
| 品牌与"生产地"结合 | 香奈儿(Chanel)来自法国 |

续表

| 品牌识别来源 | 说　明 |
|---|---|
| (2) 品牌是企业 | 苹果电脑反映创始者的价值,将电脑变成友善的使用者 |
| (3) 品牌是人 | 戴尔电脑(Dell)让顾客觉得是能帮顾客完成困难任务的好帮手 |
| (4) 品牌是符号 | 想到耐克就想到"勾勾",阿迪达斯则是"三线" |
| (5) 品牌是个性 | 万宝路香烟代表有男子气概的、粗犷的 |
| (6) 品牌是文化 | 可口可乐、麦当劳、IBM 代表美国文化 |
| (7) 品牌是关系 | 圣罗兰(YSL)传达爱的关系 |
| (8) 品牌是反射 | 年轻人开 BMW,年纪大的开奔驰 |
| (9) 品牌是自我形象 | 购买 LV 包包来体现自己的社会地位 |
| (10) 品牌是政策阶段 | 将品牌与社会、伦理、环境等紧密联系,如美体小铺(Body Shop)保护热带雨林和提倡"再生概念",等等 |

其实,不是每一个品牌都需要用到这些概念,有些品牌也许只需要其中一个或两个概念,便能成功地创造出识别。虽然如此,品牌经理在决定采用任何一个概念之前,都必须全面深入分析这些概念对于品牌识别的建立所带来的影响。

林恩·阿普绍(Lynn B·Upshaw)在其《建立品牌识别》一书中构建了品牌核心与品牌识别关系互动图(见图1-3)。

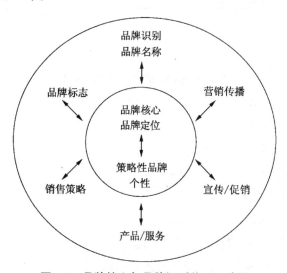

图1-3　品牌核心与品牌识别关系互动图

其中,名称与标志是识别的门面,为了有效传达品牌定位与个性,一系列的推广策略必不可少。但是品牌定位与个性是品牌识别的核心,也正是由于定位和策略性个性在背后的推动,才会令消费者对这些品牌趋之若鹜,而且也替这些品牌创造出稳固的品牌识别。

## 二、品牌属性六要素

菲利普·科特勒在《营销管理——分析、计划和控制》中描述,一个完整的品牌,应该具备六个要素:一是属性,即品牌给人们留下的某种印象;二是利益,即使用该品牌带来的满足;三是价值,即该品牌的实用价值和价值量;四是文化,即附加和象征该品牌的文化;五是个性,即品牌给人带来联想和心理定势的特点;六是使用者,即品牌能体现购买使用该产品的是哪一类消费者。上述六要素的核心是品牌的价值、文化和个性。

以奔驰汽车为例分别说明这六个要素(见表1-3)。

表1-3 奔驰汽车的品牌六要素

| 要素 | 描述 |
| --- | --- |
| 属性 | 奔驰牌意味着昂贵、做工精湛、马力强大、高贵等 |
| 利益 | 这辆车让我感到自己的重要并受人尊重 |
| 价值 | 奔驰牌代表着高绩效、安全、声望等 |
| 文化 | 奔驰汽车代表德国文化——高度组织化、高效率与高品质 |
| 个性 | 奔驰可能会让人想到一个严谨的老板、一只狮子或壮阔的建筑 |
| 使用者 | 奔驰代表高收入群体 |

### 扩展阅读

#### 了不起的品牌有11个特征

1. 建立与遵守一套做事的指导原则(核心价值)。
2. 孕育了鼓舞与激励员工独特的品牌文化。
3. 持续让顾客开心,会有高营收及高净收益的结果。
4. 制定卓越的绩效标准,并一致性地提供。
5. 持续与时并进的创新。
6. 建立让其他人想与之连结的社群。
7. 唤起及强化正面情绪,使人们感觉良好。
8. 经由正面及难忘的经验,建立员工及顾客忠诚度。
9. 以创意与诚实方法表达强烈观点,使世界更美好。
10. 对正当行为加以鼓舞及影响他人。
11. 回馈社区及协助管好世界上穷困不幸的人。

## 三、品牌分类

（一）按品牌归属划分

按品牌归属，可以分为制造商品牌和中间商品牌。

1. 制造商品牌

即是由制造商推出，并且用自己的品牌标定产品，进行销售。制造商是该品牌的所有者。完全采用自有品牌的企业，都是非常大型、财务甚佳和管理良好的企业。如，Maytag 和 IBM 这两家企业拥有广泛的产品线、健全的配销系统和高市场占有率。

2. 中间商品牌

即批发商或零售商开发并使用的自有品牌。中间商发现营销自有品牌商品，可以加强控制目标市场，利用信誉、价格、柜台等优势，提升自有品牌的影响力，获得市场份额。如，沃尔玛推出了自有品牌的洗衣液，直接和最大供应商宝洁竞争；2007 年 8 月，7 - Eleven 正式大规模推出以"7 - Eleven"为名的商品，第二年"7 - Eleven"商品高达 500 项，年收入达 40 亿新台币。

（二）按品牌影响力覆盖范围分类

按品牌影响力覆盖范围的大小，可以将品牌归纳为 4 类：地方品牌、民族及国家品牌、国际品牌、全球品牌。

1. 地方品牌

地方品牌是指品牌影响力和辐射力限于某一区域，被地方公众认知、认可的品牌，如苏烟、南京桂花鸭、长沙臭豆腐等。这些地方品牌在区域市场拓展方面积极努力，也使其影响力覆盖范围不断扩散，获得更大的市场份额。

2. 民族及国家品牌

民族及国家品牌是指被本民族及国家的公众认可的品牌，市场占有率较高，品牌竞争优势显著，并获得国家相关政策扶持，消费者对它们的认知度、美誉度较高。获得中国驰名商标的品牌是品质及国家品牌的中坚力量，如海尔、格力、春兰等。

3. 国际品牌

国际品牌是指被世界公众广泛认可的品牌，具有较高的国际影响力和知名度，在不同的市场领域占有较高的国际市场份额，如 IBM、苹果（Apple）、LV、香奈儿（Chanel）等。

4. 全球品牌

比国际品牌的影响力更高，是在全球市场竞争中符合国际标准，在全球竞争中占有领先地位的跨国、跨区域品牌，具有较高的国际知名度和国际信誉度，具有强大的品牌竞争优势和品牌价值，如可口可乐、麦当劳、大众汽车、微软等。

品牌的发展过程中，某一品牌总是成为地方品牌后，进一步向全国拓展，成为民族及国家品牌；再按照国际市场竞争规则拓展国际市场，不断扩大国际市场份额，获得国际影响力，成为国际品牌。在此基础上，才能达到全球品牌标准要求，成为全球品牌。

(三) 按品牌目标群体分类

按品牌面向的不同目标群体,可以分为4类:特殊人士专用品牌、大众品牌、高档品牌、定制品牌。

1. 特殊人士专用品牌

面向特殊群体(残障人士、孕妇等)提供的特定产品或服务品牌,具有较强的目标客户针对性。如国内近几年来发展起来的十月妈咪(孕妇装)、章光101(头发护理)等。

2. 大众品牌

面向普通大众的品牌,具有广泛的目标群体需求,一般消费者购买力能够承受。如康师傅、李宁、青岛啤酒等。

3. 高档品牌

面向少数购买力较强、追求高品质消费群体的特定品牌,具有高定价、低产量的特征,如劳斯莱斯、香奈儿(CHANEL)、劳力士(ROLEX)等奢侈品牌。

4. 定制品牌

为特殊目标群体提供定制式产品和服务的特殊品牌,它们以目标受众的特殊需求为基础。品牌影响力仅限于小众圈层,如法国老牌高级定制品牌"Arnys"、中国的高级定制品牌"无用"等。

(四) 按品牌成长周期分类

产品及企业均有生命周期,普遍经历诞生—成长—发展—成熟—稳固—衰退—消亡的过程,按品牌成长周期来划分,可以将品牌分为6类:新品牌、发展品牌、成熟品牌、领导品牌、衰退或消失品牌、老字号品牌(见表1-4)。

表1-4　品牌成长周期各阶段特征

| 品牌成长周期 | 特　征 |
| --- | --- |
| 新品牌 | 诞生期或初创期的品牌(雏形) |
| 发展品牌 | 市场发展期的品牌 |
| 成熟品牌 | 市场成熟期的品牌,具有竞争优势、品牌价值及品牌效应,如海尔、娃哈哈等 |
| 领导品牌 | 市场成熟期的品牌和稳固发展期,占有领导地位,如美国可口可乐、吉利剃须刀 |
| 衰退或消失品牌 | 市场衰退期、品牌老化,如波导手机、春兰空调等 |
| 老字号品牌 | 有一定历史传承性,具有较高文化价值和历史价值,如北京同仁堂 |

(五) 按品牌属性分类

从品牌属性的角度来看,品牌可以分为4类:产品品牌、服务品牌、企业品牌、组织或机构品牌。

1. 产品品牌

产品品牌是为消费者提供产品生产—消费—流通—交易相关服务的品牌,如飞利浦、宜家等。

### 2. 服务品牌

服务品牌是提供各类有偿服务的品牌,如中国网通、Google 等。

### 3. 企业品牌

企业品牌是以企业闻名为特征的品牌,如阿迪达斯、韩国现代等。

### 4. 组织或机构品牌

非企业性组织的品牌,如清华大学、中华美术设计协会等。

## (六)按品牌所属行业分类

按品牌所属行业划分,有不同的行业品牌,根据不同行业的属性和特征,产生了许多知名品牌,例如,烟草业中的三五、万宝路、希尔顿、苏烟;汽车业中的奔驰、宝马、丰田、法拉利;电脑行业中的微软、惠普、东芝、联想、明基;手机业中的苹果、三星;运动业中的耐克、阿迪达斯、李宁、安踏等。

## (七)按品牌发源地分类

根据品牌的发源地不同,将品牌划分为国外品牌、合资品牌和国内自主品牌。

国外品牌是隶属于国外企业的独立品牌,合资品牌是有外资背景,且在国内设立合资公司,拥有品牌生产—销售网络的品牌;国内自主品牌是国内企业自主开发的、隶属于国内企业的品牌。

## (八)综合型分类

从品牌的一般分类来看,一些新的品牌类型很难被划分到某一类或某几类中,为此,本书提出综合型的分类方法,从不同层面综合考虑新旧品牌类型的范围,将品牌分为以下 7 种类型(见表 1-5)。

表 1-5 综合型品牌类型

| 分　类 | 种　类 | 品牌代表 |
| --- | --- | --- |
| 战略新品牌 | 国际组织品牌、国家级战略会议品牌、国家品牌、国家级活动品牌、政府品牌、民族品牌 | 博鳌亚洲论坛、国际贸易组织 |
| 资源要素品牌 | 城镇、村落、街区及公共场馆品牌、旅游地品牌、历史遗产品牌、水土资源品牌、民间工艺品牌、地方特产品牌 | 西溪湿地、平遥古城、昆曲 |
| 企业/组织品牌 | 企业品牌、非企业组织或机构品牌、公益性组织品牌或协会类品牌 | 红十字会、WTO |
| 事件品牌 | 体育赛事品牌、展会品牌、节庆品牌、演艺类品牌或民族民间活动品牌 | 北京奥运会、上海世博会 |
| 虚拟品牌 | 影视品牌、新媒体品牌、虚拟在线品牌、动漫及游戏品牌 | 喜洋洋与灰太狼、魔兽世界 |
| 个人品牌 | 企业家品牌、名人品牌、明星品牌、形象代言人品牌 | 李宁、张小泉剪刀 |

 项目总结

该项目主要让学生了解品牌的产生与发展,品牌的内涵、作用及分类,使学生能够掌握品牌识别的内涵,并能理解品牌策划对于企业发展的重要作用。

 练一练

一、简答题

1. 品牌的含义是什么?
2. 品牌的作用是什么?
3. 品牌识别的含义是什么?
4. 品牌六要素的内涵是什么?
5. 品牌可以从哪些方面进行分类?

二、表格填写

选择食品、汽车、饮料、手机等行业的某个品牌,利用品牌六要素原理,完成下面表格的填写。

| 要　素 | 描　述 |
| --- | --- |
| 属性 | |
| 利益 | |
| 价值 | |
| 文化 | |
| 个性 | |
| 使用者 | |

三、案例分析

北京郊区有一个"友联"衬衫厂。这个衬衫厂在20世纪80年代就生产和出口服装,每年出口109万件服装销往欧洲、美国和日本。其中中档服装在日本卖7 000—10 000日元,折合人民币500—1 000元一件,外商给我们的加工费是4.5元,也就是说,我们所得到的价值还不到商品价值的1/100,这样的企业让人感慨。同样是生产衬衫的,无锡衬衫厂生产的"红豆"牌衬衫在销往日本的时候,就进行了很好的策划。根据调查,发现日本人非常喜欢中国的唐诗,策划人就给这个产品起名"红豆"。中国有这样一首唐诗:"红豆生南国,春来

发几枝？愿君多采撷,此物最相思。"翻译成日本的名字叫"爱情的种子,男女之间的情爱之物"。其实就是一件衬衫,就看你怎么说了。日本人一看"红豆"两个字,就冲这两个字加价20%。

问题：请比较两家衬衫厂的经营策略,并结合所学内容分析品牌对企业的重要性。

# 项目二 品牌调研

 引导案例

### 雀巢咖啡坚持不懈地进行调研

雀巢公司一直坚持要彻底了解顾客,通过坚持不懈的市场研究和信息搜集来了解自己的顾客,包括最终消费者和交易的情况。雀巢拥有自己遍布全球的研究网络,可广泛进行品牌调查。

雀巢的广告发展,真实地体现了这种调研的作用。

在雀巢咖啡出现之前,人们一直要通过煮咖啡才能尝试到咖啡的美味,既费时且费力,当划时代的雀巢速溶咖啡面世时,改变了这一状况,使喝咖啡成为一件可以快速完成的事情。于是,雀巢速溶咖啡广告便强调因速溶而带来的便利性,然而,令雀巢未曾料到的是,产品竟然并非想象中那样热销。这时,雀巢的全球研究网络开始发挥它的作用,调查了解到许多家庭妇女在购买速溶产品时存在顾虑,认为这是一种偷懒行为,甚至是对客人和丈夫的一种怠慢,这与男人心目中贤惠能干的妻子形象相距甚远。在男尊女卑的二十世纪三四十年代,速溶咖啡显得有点不合时宜,然而,随着妇女解放,改变了人们对雀巢咖啡的看法,速溶咖啡开始受到广大家庭主妇的欢迎,尤其对没有磨豆工具的家庭来说,更是喜爱。

后来,情形发生了变化,省时省力的机器开始逐步推广,雀巢通过调查了解到,方便性已经不能令消费者心动,于是,广告的重点转向表现产品的纯度、良好的口感和浓郁的芳香,强调雀巢咖啡是"真正的咖啡"。

当调研人员发现人们逐渐认可"咖啡就是雀巢咖啡"后,雀巢咖啡的广告又开始变化了,由理性诉求转变为感性诉求,由对产品功能性的宣传转变为对新生活方式的倡导。

资料来源:http://www.jichuang.net/news/show-16198.html

项目二　品牌调研

 知识目标

1. 掌握品牌调研的程序；
2. 掌握品牌调研的方法；
3. 了解品牌调研的内容。

 能力目标

能够针对调研目标，确定调研内容，选择合理的调研方法进行品牌调研。

 任务分解

任务一：品牌调研的程序
任务二：品牌调研的方法
任务三：品牌调研的内容

品牌调研是市场调研的一种特殊形式，是为了获取品牌管理过程中所需要的信息而进行的科学的调查研究活动。众所周知，品牌是企业的无形资产，产品是可以被人仿制的，而品牌则是独一无二、竞争对手无法仿制的。但是一个好的品牌应该有鲜明的品牌定位以及独特的个性，企业只有洞悉消费者心理，才能有效地塑造品牌形象；消费者对于品牌的知名度、美誉度、信任度和忠诚度，这些对于品牌的宣传推广策略的实施至关重要；而随着外在环境瞬息万变，品牌也需要顺应时代的潮流，此时品牌调研显得更为重要。本项目将从调研的程序、方法和内容等方面来研究品牌调研。

## 任务一　品牌调研的程序

### 思考案例

#### 新可口可乐跌入调研陷阱

曾经在朋友处听到这样一个美国式的幽默，假若你在酒吧向侍者要杯可乐，不用猜，十次他会有九次给你端出可口可乐，还有一次呢？对不起，可口可乐卖完了。可口可乐的魅力由此可见一斑。在美国人眼里，可口可乐就是传统美国精神的象征。但就是这样一个大品

牌，在20世纪80年代中期却出现了一次几乎致命的失误。

### 百事以口味取胜

20世纪70年代中期以前，可口可乐一直是美国饮料市场的霸主，市场占有率一度达到80%。然而，70年代中后期，它的老对手百事可乐迅速崛起，1975年，可口可乐的市场份额仅比百事可乐多7%；9年后，这个差距更缩小到3%，微乎其微。百事可乐的营销策略是：一、针对饮料市场的最大消费群体——年轻人，以"百事新一代"为主题推出一系列青春、时尚、激情的广告，让百事可乐成为"年轻人的可乐"；二、进行口味对比。请毫不知情的消费者分别品尝没有贴任何标志的可口可乐与百事可乐，同时百事可乐公司将这一对比实况进行现场直播。结果是，有八成的消费者回答百事可乐的口感优于可口可乐，此举马上使百事可乐的销量激增。

### 耗资数百万美元的口味测试

对手的步步紧逼让可口可乐感到了极大的威胁，为尽快摆脱这种尴尬的境地，1982年，可口可乐决定在全国10个主要城市进行一次深入的消费者调查。可口可乐设计了"你认为可口可乐的口味如何？""你想试一试新饮料吗？""可口可乐的口味变得更柔和一些，您是否满意？"等问题，希望了解消费者对可口可乐口味的评价并征询对新可乐口味的意见。调查结果显示，大多数消费者愿意尝试新口味可乐。可口可乐的决策层以此为依据，决定结束可口可乐传统配方的历史使命，同时开发新口味可乐。不久，比老可乐口感更柔和、口味更甜的新可口可乐样品便出现在世人面前。为确保万无一失，在新可口可乐正式推向市场之前，可口可乐公司又花费数百万美元在13个城市中进行了口味测试，邀请了近20万人品尝无标签的新/老可口可乐。结果让决策者们更加放心，六成的消费者回答说新可口可乐味道比老可口可乐要好，认为新可口可乐味道胜过百事可乐的也超过半数。至此，推出新可乐似乎是顺理成章的事了。

### 背叛美国精神

可口可乐不惜血本协助瓶装商改造了生产线，而且，为配合新可乐上市，可口可乐还进行了大量的广告宣传。1985年4月，可口可乐在纽约举办了一场盛大的新闻发布会，邀请200多家新闻媒体参加，依靠传媒的巨大影响力，新可乐一举成名。看起来一切顺利，刚上市一段时间，有一半以上的美国人品尝了新可乐。但让可口可乐的决策者们始料未及的是，噩梦正向他们逼近——越来越多的老可口可乐的忠实消费者开始抵制新可乐。对于这些消费者来说，传统配方的可口可乐意味着一种传统的美国精神，放弃传统配方就等于背叛美国精神，"只有老可口可乐才是真正的可乐"。有的顾客甚至扬言将再也不买可口可乐。每天，可口可乐公司都会收到来自愤怒的消费者的成袋的信件和上千个批评电话。尽管可口可乐公司竭尽全力平息消费者的不满，但消费者的愤怒情绪犹如火山爆发般难以控制。迫于巨大的压力，决策者们不得不做出让步，在保留新可乐生产线的同时，再次启用近100年历史的传统配方，生产被美国人视为骄傲的"老可口可乐"。仅仅3个月的时间，可口可乐的新可乐计划就以失败告终。尽管公司前期耗费了2年时间，以及数百万美元进行市场调研,但可口可乐忽略了最重要的一点——对于可口可乐的消费者而言,口味并不是最主要的购买动机。

资料来源:http://www.jichuang.net/news/show-16198.html

看了上面的案例,我们至少领悟到一个道理:一个品牌、一个企业、一个组织要想做出明智的决策,必须掌握必要的(可能不是充分的)、准确的信息,而这些信息很多时候是依靠调研获得的。要获得准确的信息,确保调查质量达到预期目的,就必须科学安排市场调查过程中的各项工作,必须有计划、有组织、有步骤地进行。

## 一、明确市场调研的目的

在市场调研之前,首先要弄清楚为什么要调查(认清背景)?想要知道什么(确认目的)?得到结果后有什么用途(衡量价值)?这就是明确市场调研目的的过程。在这个过程中,主要了解委托方的委托意图、委托背景、面临的问题、意欲达到的状态等情况。

## 二、状态与问题分析

状态与问题分析是指对市场调研的目的有了初步的了解之后,详细了解委托方的各种实际状况和所处的社会经济环境。在此基础上对企业现实所面临的问题进行解剖和分析,从而确定调查什么,什么已经有了研究结果,哪些是没有了解充分的。并在此基础上,提出问题与假设,提出命题、概念、指标、变量等,并进行操作化处理。这个阶段的最终结果就是形成调研目标。调研目标与委托方设想的调研目的可能不尽相同,而是在对状态与问题进行分析,对表象背后的实质有了明晰的设想之后形成调研可以达到的目标。调研目标必须具体和切实可行,并与调研委托方达成一致,形成一份书面的调研目标清单,以避免以后的误解和麻烦。如果状态与问题分析之后的调研目标与委托方的原始设想有差异时,更应有充分的事前沟通,而不要盲目地着手下一步调研工作。

调研目标的陈述通常采用假设的形式。假设是关于两个或更多个变量之间关系的推测性表述,这些关系可以通过经验数据加以检验。例如,基于试探性调研,调研人员可能提出假设,以2 000美元的价格在通用汽车公司的 Venture 面包车上增加卫星可视地图系统,将使通用汽车公司在小型面包车市场中的份额提高4%。第二个假设可能是,Venture 牌小型面包车的新顾客将主要是家中有两个小孩、户主年龄在28~45岁之间、家庭收入为5.5万~9万美元的家庭。

## 三、确定调查手段与抽样方法

在状态与问题分析之后,通过对研究假设的分析,确定所采用的调查手段与相应的抽样方法。比如,如果在状态与问题分析时发现,企业不清楚消费者对产品的态度与需求情况,应该选择问卷法和访问法;如果发现企业对竞争产品的策略不明,可以选择观察法和访问法;如果是企业仅仅对产品的价格不了解,可以采用实验法,等等。

## 四、调查设计与抽样

确定了调查手段与抽样方法之后,要进行调查设计与实施抽样。这个阶段要通过试调查来确定方案是否合理,能否反映调查目的等。同时还要确定抽样方法,是选择概率抽样,还是非概率抽样。如果选择概率抽样,具体用哪一种方法。

## 五、实施调查

调查与抽样设计之后,就可以培训调查员,实施调查了。在市场调查中,一般是采用边调查边审核的方法,以确定调查结果的真实性和有效性。

## 六、资料整理及分析

资料整理主要包括资料审核、复核问卷、数据编码、数据录入等。在资料整理之后,一般采用计算机进行统计处理。在市场调查中,计算机统计一般使用通用的 SPSS 或 SAS 软件来进行。

## 七、撰写并提交调研报告

根据统计结果,撰写调研报告。在报告撰写时,要特别注意一定要围绕调研目的,根据状态与内容分析的结果来进行写作。

## 八、跟踪

调查结束后,要针对调查的内容进行跟踪调查,以确定调查结果的真实性和有效性,同时还要注意调研所提出的建议是否得到实施,实施中存在什么问题,决策及实施人员对调研有什么建议等。

## 把肯德基的"家庭宴会"介绍给英国人

### 一、营销调研的背景

到20世纪90年代初期,肯德基进入英国市场已经30年了,并开设了300多家连锁店。为了直接与当地流行的鱼肉薄饼店展开竞争,肯德基最初的定位是"外卖",店内座位很少,甚至没有座位。在英国,肯德基的传统消费者是年轻男性,他们时常在当地酒吧与朋友聚会后,在很晚的时候光顾肯德基。在当地还有一些家庭气氛很浓的餐馆连锁店,这些店都具有很强的竞争力;同时,竞争者麦当劳的发展(到现在已有500多家连锁店)及其他美国快餐公司的流行,使肯德基很难保持现有的局面,面临寻找竞争优势的挑战。

### 二、特定的营销问题

肯德基(英国)部的市场总监约翰·沙格(John Shuker)于1993年会晤了公司营销部人员及广告代理商。这次会晤的目的是确定最佳方案,以使肯德基的消费对象从青年男性扩展到家庭领域。沙格先生和广告代理商意识到,就公司的长期生存而言,肯德基必须重新进行形象定位。诸多迹象表明,家庭是快餐行业最大且增长最快的一部分消费者。

公司在设计新的定位策略的过程中遇到了三个棘手的问题。首先,多年来肯德基已在英国消费者心目中形成了一种强烈的"外卖"式餐馆的形象,"外卖"概念在英国消费者心中早已根深蒂固,公司可能会花上好几年的时间使其形象转变为"友好家庭"概念。其次,肯德基的忠实消费者一直是青年男性,给人一种否定女性消费者的感觉。经常出入肯德基的都是青年男性,甚至是喝醉了的男性,母亲们都会认为把孩子带进肯德基很不安全。第三,竞争者麦当劳进入英国市场虽比肯德基晚10年,但它却迅速弥补了时间上的损失。目前,麦当劳公司仅用于儿童广告的单项支出已超过了肯德基的全部广告费用。

由此,肯德基营销管理层面临的特定营销问题是:如何改变公司在英国消费者心目中的形象,使公司对英国母亲们具有足够的吸引力,并使她们经常购买肯德基的食品作为家庭膳食。

### 三、确立调研目标

通过对这一特定的营销问题进行分析,肯德基认为,公司要想把现有的品牌形象转变为家庭聚会概念,有必要调查英国家庭对于家庭膳食的价值观,以适应英国市场。

像肯德基的全球战略一样,进入国际商业系统的一个主要好处是可以平衡公司在各地市场的经营。尽管在英国,肯德基的家庭膳食(由于它比个人膳食的价格高出很多,因此也可以称为豪华膳食)销售所占的比例最低,但近年来家庭膳食在澳大利亚却取得了成功:公司把那种含有丰富食物及餐后甜点的豪华膳食——"家庭宴会"以合理的价格推向了澳大利亚的四口之家。

在澳大利亚,肯德基家庭膳食销售的比例已增长到了30%,而在英国只有10%。在全球所有的重要市场中,英国肯德基的豪华膳食或家庭膳食的销售是最差的。此刻,可以作一个富含冒险性的假定,即在一个国家取得成功的菜单项目可以被引入到其他国家,而且也能够获得同样的成功。这个观念需要进行细致的调查和研究,以评定市场的反应。

所以,肯德基(英国)需要调研的两个主要问题是:

1. 相似的"家庭宴会"是否会吸引英国的母亲们?
2. "家庭宴会"的推出是否会使肯德基的品牌在英国的整体形象及知名度有所提高?

### 四、确定调研设计方案

针对英国母亲们进行的"家庭宴会"概念研究,将帮助我们确定这个想法在英国是否具有生命力,这也就解决了上述的两个问题。如果它对母亲们具有吸引力,则肯德基"家庭宴会"可以在英国全面推行,同时也将开始研究由此产生的商业行为及消费者行为。要研究"家庭宴会"概念,则需要制订相关调查方案,包括二手资料分析、焦点(小组)访谈研究、对英国母亲们的特定比较分析研究,以及最终的销售及消费者追踪研究。

### 五、确定资料的类型和来源

在研究快餐业问题时,分析已公布的二手资料,如一些行业杂志,《广告时代》、《餐馆新闻》等能提供有关竞争者动向的信息,但其作用是有限的,因为竞争对手通常也对这些资料密切关注。肯德基(英国)另外对肯德基在其他国家(如澳大利亚)推行家庭膳食的经历进行了实质性的案例研究。研究发现,实际情况与他们想像的并不一样,肯德基(澳大利亚)拥有的青年男性外卖概念的地位没有被改变。

第一手资料是相当有用的。对于肯德基(英国)来说,这种资料有两种来源,即定性研究和定量研究。定性研究可以使公司基本了解目标消费者对某一问题的深层次看法。利用良好的定量研究方法,可以对关键问题进行研究,这是对问题最好的解答。以上两种情况的基本资料都来源于英国的母亲们。

### 六、确定收集资料的方法

在完成了对肯德基(澳大利亚)成功经历的研究并收集和分析了其相关的业务资料后,就开始进行焦点(小组)访谈。访谈对象是有12岁以下小孩的英国母亲,目的是研究这些家庭的饮食习惯和她们供应家庭膳食的方法。另外,通过问卷调查方法,也对"家庭宴会"的选择数量进行特定的比较分析研究,以了解在不同价格情况下,母亲们认为合理的家庭饮食结构。如果决定开始推行"家庭宴会",则每月进行定期的品牌追踪研究。这将使肯德基(英国)在实际成本很小的情况下研究"家庭宴会"对各种营销因素的影响,如广告知名度、品牌特性等。

### 七、设计问卷

在焦点(小组)访谈阶段,肯德基(英国)的研究人员走访了英国各地有12岁以下小孩的母亲们,与她们展开了一系列的讨论,如她们喜欢的餐馆及快餐店等。由于不希望造成母亲们的偏见或反对,因此,在此过程中研究人员并没有提及调查委托人。所有的焦点(小组)访谈都用摄像机录下,母亲们的观点被制作成文件以备分析使用。

## 八、确定抽样方案

在定性研究阶段进行的焦点(小组)访谈的访问对象,是来源于英国伯明翰、利兹、伦敦3个城市的母亲。每一个小组都含有10个至12个在过去3个月中在快餐店中消费过的妇女。比较分析研究的访问对象来源于英国具有代表性的区域里的10条道路上随机抽取的200名妇女。市场追踪研究是定期性全国追踪研究的一部分,其样本的来源和数量与比较分析研究相似,也是通过在英国具有代表性的区域进行拦截访问来完成。

## 九、收集资料

资料收集需要花费很多时间。焦点(小组)访谈要求一组人员先后到伯明翰、利兹和伦敦3个城市,在每个城市参与4次会议,每次会议为期2个小时。在会议结束后,还要和会议主持人一起总结会议纪要。因此总共需要花2个星期以上的时间才能收集到相关的资料。

比较分析研究以及追踪研究,是由专业营销调研公司经过专业培训且富含经验的访问员来完成。比较分析研究的调查过程大约需要2个星期的时间。而一旦决定在全国推行"家庭宴会",则在定期追踪研究中加入有关"家庭宴会"的问题,这需要6个月的时间完成。

## 十、资料分析和撰写调研报告

焦点(小组)访谈和比较分析研究解决了第一个调研目标,即在英国推出的与澳大利亚相似的"家庭宴会"是否会吸引英国的母亲们。第一手资料表明,参加焦点(小组)访谈的母亲都对"家庭宴会"概念非常感兴趣,并且认为这将促使她们购买肯德基的食品,以作为方便、经济的家庭膳食来源。

根据调查,肯德基(英国)当前正供应一种被称为"经济套餐"的膳食,它包括8个鸡块和4份常规薯条,其售价为12美元。而准备推行的"家庭宴会"包括8个鸡块、4份常规的薯条、2份大量的定食(如豆子和色拉),以及一个适合4口人食用的苹果派。调查过程中,对这两种膳食进行了比较。分析结果表明,如果"家庭宴会"的售价在10英镑以下(约16美元),则会更受人们的欢迎。人们认为"家庭宴会"的价格更为合理,食物更为充足,人们也更喜欢、更愿意购买"家庭宴会"。在这些研究发现的基础上,肯德基(英国)推出了"家庭宴会"。

品牌追踪研究解决的是第二个目标,即"家庭宴会"的推出是否会使肯德基品牌在英国的整体价值有所提高。整体价值的追踪调研显示,在推出"家庭宴会"时,肯德基(英国)的整体价值信用度要比其竞争者麦当劳公司低10个百分点。但到追踪调研阶段结束时(6个月后),两者的价值信用度已经接近了。到1994年年底时,肯德基豪华膳食销售的比例已从10%上升到了20%,整整增加了一倍。

其他的追踪研究包括连锁餐馆的知名度、"家庭宴会"的知名度以及"家庭宴会"的销售情况。尽管在英国,麦当劳公司的电视广告是肯德基公司的4倍,但肯德基"家庭宴会"还是创造出了前所未有的品牌广告知名度,这戏剧性地拉近了肯德基公司和麦当劳公司在广告知名度上的差距。

持续不断的"家庭宴会"广告是肯德基品牌新的有效尝试,并给其带来了利润。仅作了3个月广告,肯德基"家庭宴会"在快餐消费者中的广告知名度已达到近50%,而且10%以上的快餐消费者都已购买过一次"家庭宴会"。人们更喜欢"家庭宴会",其销量远高于"经济套餐"。因此,从财务角度看,尽管"家庭宴会"的利润率比"经济套餐"低,但其总利润额却高于后者。令肯德基员工感到惊讶的是,"家庭宴会"的销量上升了,"经济套餐"的销量却没有减少,仍然维持在原来的水平。造成这种情况的原因可从对"家庭宴会"消费者的调查结果中找到。调查显示,不同类型的消费者对这两种事物具有不同的喜好,即人口多的家庭喜欢"家庭宴会",而人口少的家庭仍喜欢购买"经济套餐"。

肯德基(英国)成功地进行了品牌形象再定位,即家庭喜爱的餐馆。而在这一过程中,对"家庭宴会"的市场调查起到了至关重要的作用。为了能不断塑造自己的良好形象,并和其他的快餐店展开有力的竞争,肯德基仍然在营销调研上有很高的投入。

## 任务二 品牌调研的方法

### 思考案例

"进入一个长长的走道,两边有很多门,其中一扇上写着××(运动用品)。推门进入,你会看到很多运动明星,很多运动器材,很多球迷,但这不是你要去的地方。关上门,另有扇门上写××(香烟),你会发现一望无际的崇山峻岭,有牛仔,有骏马,但这也不是你要去的地方,关上门。现在你发现有一扇门上写的是力波,这是你要去的。推开门,走进去,仔细观察,把你看到的一切记在心中,告诉我们。"

通过这种方法,研究者了解消费者内心的想法,了解到他们和品牌相处时的感受,也了解到他们对品牌的期望和改善的要求。这让研究者得以确立力波广告的新策略:以一系列现实生活中的男人故事,刻画出力波啤酒饮用者的真正值得颂扬的品质,借此帮助他们认同自己、发现自己,并引以为自豪,最终实现与消费者沟通的目的。

看了上面的案例,我们可以领悟到一个道理:做任何事情,方法选择正确是成功的第一步,进行品牌调查也不例外。选择合适的调查方法收集信息,提出市场营销计划或活动方案,为科学决策提供依据。在本任务中,将依据品牌调查的特点,着重介绍投射影技术法、问卷调查法和深度访谈。

### 一、投射测试法

(一)投射测试法的基本原理

投射技术是品牌调研中经常采用的一种独特的调研方法。所谓投射测试法是指通过给被访者提供一种模糊的、非结构性的访谈情境,使其在一种没有明确目标指向的条件下,自由、充分地表达自己的观点和看法,从而探究其隐藏在表面反应下的真实心理——真实的情感、意图和动机的一种研究方法。

在研究中,有两个方面的主要因素制约着人们表达其真实的深层想法和感受:一是人们经常没有能力说出自己内心深处的真实感受或想法;二是受心理防御机制的影响,人们不愿意表达出自己内心深处的真实感受或想法。投射测试的目的正是想要穿透人的心理防御机制,使真正的情感和态度浮现出来。

这种防御机制是如何被打破的呢?一般地,人们在谈话时都有一个明确的目标指向或明确的话题,这时头脑中的所有相关信息都被调动起来对该问题作出反应。而当给受试者提供出一种无限制的并且模糊的情景的时候,由于这种情景说得很模糊,也没有什么真实的意义,受试者必须根据自己的偏好作出回答,这样受试者就将他的情感"投射"在无规定的刺激上。因为受试者并不是在直接谈论自己,所以就绕过了防御机制。受访者谈论的是其他的事情或其他的人,然而却透露了自己的内在情感,这对于难以直接窥知的内心世界来说,创造了一个较为客观的外显条件,因而比其他调查结果具有更多的真实性。

投射测试法来源于临床心理学,并逐渐在市场研究中得到了较为广泛的应用。在问卷调查、深度访谈中也经常运用多种投射技术。大多数的投射测试很容易操作,其收集的资料比一般提问方法所收集的更丰富,并且可能更有揭示性。

(二)投射测试法的类型

市场研究中最常用的投射测试法有词语联想测试、句子和故事完形测试、品牌拟人、使用者或购买者形象、购物篮、漫画测试、照片归类测试、消费者绘图测试、第三人称测试、手段—目的或利益链测试等。

1. 词语联想测试法(Word Association Test)

词语联想测试法即通过给测试者一个词语,然后请他们说出由此在脑海中出现的联想,包括词语、画面、事物等,其中,第一联想到的东西往往最重要,然后询问测试者得到这种联想的原因或含义。在操作上,一般是快速地念出一连串词语,然后请被测试者说出其第一反应,不让心理防御机制有时间发挥作用。如果受试者不能在3秒钟内作出回答,那么可以断定他已经受到了其他因素的干扰。从心理学角度看,个体对某种刺激反应越快,就越来不及经过心理防御机制进行加工,反应的真实性就越高。

操作方法:告诉被访者一个词语或者其他刺激物,请他们说出或者写出自己马上想到的东西,包括词语、画面、事物等。例如:

当我说____的时候,你的脑子里马上会想到什么?

当我说____的时候,请写下第一时间出现在你脑海里的事情或者语句。

词语联想法常用于选择品牌名称等,一个名字要成为知名度较高的品牌名称,需要很好地与目标消费者的积极联想结合起来,好的品牌名称一般都具有非常形象的想象内容。如可口可乐、奔驰、宝马、汰渍、飘柔、全球通、小灵通等都具有丰富的联想内容,像这样的名字就容易记忆与理解,传播成本相对较低。通过词语联想测试,在众多待选的词语中,一个词语或消费者建议的一个同义词可能会被选作新的品牌名。

## 扩展阅读

### 成都食品企业品牌联想测试结果（节选）

……"冠生园"的品牌形象：(原始记录)

1. 穿长衫的胖男人，看起来不凶；
2. 着古代男装的男人，笑哈哈地在铺子里做月饼；
3. 中年男厨师，不高但胖；
4. 老者；
5. 有气质的老人；
6. 稳重的中年人；
7. 胖胖的稳重的中年商人；
8. 温和的中年人，气质好，有坚韧性；
9. 穿白色衣服的可亲老人；
10. 胖厨师；
11. 传统的老人；
12. 踏实，值得信任的中老年人；
13. 传统有风度的慈祥老人；
14. 和蔼可亲、脾气好的老人，着宽松衣服；
15. 寿星老头，长胡子；
16. 中年男人，微笑；
17. 白发老人，严肃；
18. 精干的40~50岁的人；
19. 慈祥的老人，坐公车，住四合院，爱洁净，有知识；
20. 老朋友；
21. 30岁有钱男人；
22. 事业有成、胸怀宽广的成功男士；
23. 刘德华，成熟，稳重，有号召力；
24. 老女人，富态。

主要结论：

1. 品牌形象较为一致，有86%的被访者认为冠生园是男性，其中83%的被访者认为冠生园是中老年男性，提及率最高的词汇是稳重、和蔼、成熟、成功，即使有的消费者将冠生园定位于青年男性，也用上了稳重、成功等定语，以区别于其他男性。
2. 冠生园的品牌虽老，但美誉度和信誉度很高，仍是人们喜爱的月饼品牌之一。

资料来源：李奇云等.广告市场研究[M].成都：四川大学出版社，2004.

## 2. 句子和故事完形测试

句子和故事完形测试法可以和词语联想测试法连用。它是指受访者拿到一段不完整的故事或一组残缺句子，然后将其补充完整。如下例所示：

乐天玛特连锁店是……

在乐天玛特连锁店购物的人是……

我不明白乐天玛特连锁店为什么总是……

小莉问晓鸿："我曾听人说过乐天玛特连锁店……"晓鸿会怎么回答？

句子和故事完形测试的目的都是让受访者将自己投射到剧情中假设的任务上，通过表达剧情中的他人，反映出其内心的想法。

句子相对于单个的词语而言有一定的情景提示，而故事完形却具有进一步的情景限制而较详细的情景细节。一般而言，回答的情景限制越少，提示性越小，联想的范围越广；反之，则提示性越大，联想被限定在有限的范围内，但目标指示性却越强。实践中，一些调研者认为，句子和故事完形测试是所有投射技术中最有用和最可靠的一种。

## 3. 品牌拟人

请被访者把某个品牌想象成一个人，然后描述以下方面：

——年龄和性别

——外表、衣着

——性格特征

——职业、职务、地位、社会阶层

——家庭状况

——兴趣爱好、休闲娱乐方式

——你喜欢和他/她在一起吗？

——什么样的人会喜欢他/她？什么样的人不喜欢他/她？

——你在什么情况下最喜欢和他/她在一起？

——等等

品牌拟人主要用于了解品牌的形象描述和品牌的形象价值以及品牌的个性，通过人的性格清晰地捕捉到品牌的重要特征。品牌拟人还有助于解释出消费者和品牌之间深刻的情感联系。表2-1就勾画出了张君雅小妹妹的可爱形象。

**表2-1　张君雅品牌拟人形象**

| 姓名：张君雅 | 性别：女 | 家乡：台湾 |
|---|---|---|

年龄：小学一年级？二年级？哎呀，总之是小学了。
爸爸：张天民——维力第二代，现任总经理。
兼职：2年前拍泡面广告；2年后拍零嘴广告。
最喜欢的发型：标准妹妹头+红色蝴蝶结。
最喜欢的打扮：学生制服。
最喜欢的表情：不开心，大力哭！
最自豪的事情：脸太大，超小单眼皮。
最害怕的事情：你们捏得太大力了！！把我的脸越捏越大啦呢。

### 品牌拟人的应用实例

在某次摄影用品的品牌研究中,我们使用品牌拟人技术得到的结果如下:

**品牌A**

25~28岁的年轻人,有运动感、时尚感,经常旅游,喜欢穿休闲装,皮肤健康、身体强壮,为人友好、热情,崇尚自由自在的生活,思想开放。喜欢运动,比如攀岩、冲浪、网球等,穿Adidas、Nike,喜欢唱快歌、跳劲舞。从事的职业可能是导游、运动员、娱乐业。比较有钱,喜欢摇滚乐、流行乐。喜欢的饮料有三得利乌龙茶、矿泉水、可乐、功能性运动饮料。他还是单身,但是很吸引女孩子,真诚、坦率。在聚会中,他会受众人瞩目。

**品牌B**

35~40岁中年男性,成功富有,十分顾家,是好丈夫、好父亲。有责任感,平时穿着很职业化,但下班后也会穿名牌休闲装。有亲和力,有幽默感,喜欢高尔夫、桌球、保龄球、游泳。平时还会去高档酒吧。是经理人或老板。喜欢喝卡布奇诺咖啡、果汁、乌龙茶。他喜欢的服装品牌包括Calvin Klein、George Armani、Versace等。平时听古典音乐、轻音乐和爵士乐。周末和节假日与家人一起郊游。聚会中他是重要的嘉宾。他的妻子温柔贤淑,他可爱的儿子3~5岁,正是天真调皮的年龄。

**分析:**

这是两个很不同的拟人化形象。首先要通过追问和深入分析来了解被访者联想的原因。实际的结果是,我们从广告、企业形象和渠道中找到了大部分的原因。这些原因交叉作用在消费者身上,使他们得到了以上的一些看法。

然后结合被访者的背景情况了解他们对不同拟人形象的接受程度和关联性。他们需要从这些特点中剥离出真正的品牌纽带、无关紧要的形象、不良的或者容易引起歧义的品牌特征。

根据我们分析的结果,我们需要对这两个品牌提出在各个营销方面的建议。比如,品牌A曾经一度存在着形象老化的倾向,但随着广告的连续投放,已经开始变化;但潜在威胁是对于成年人群吸引不够,需要监测其传统的中老年消费者的购买状况。品牌B在综合形象上比较完整,尤其在家庭使用方面存在很大优势;不过并不是所有的人群都喜欢这个好男人的形象,所以还需要继续检验这样的形象对于目标消费者的吸引力。

4. 使用者/购买者形象

这种投射技术比较适合于了解快速消费品品牌用户的概况,以及他们的个性、社会人口和消费心态方面的特征,对于探测目标消费群以及消费者的接受程度都有一定帮助。

请被访者描述一下某个品牌比较典型的使用者的形象,包括:

——性别

——年龄

——外表/穿着

——性格(是否容易接近、有活力、开放、爱干净、有创造力,或迂腐的,等等)

——价值观和态度

——兴趣爱好

——经常购买的品牌/产品

——职业

——家庭状况等

对于某些产品,应该更深入了解一些购买者形象,问题就会包括:

——这个购买者怎样付款?

——怎样回家?

——到什么样的家里去?

——他和什么人一起生活?

——有些什么样的朋友?

——其他生活方式怎么样?

### 小案例

为了进一步甄别中国移动现有消费群的形象和中国联通的差别,我们使用"使用者形象"技术。

中国移动的使用者形象:有男有女,男性居多,30~55岁成年人。商务人士,出差较多,比较体面,有身份。单位还能报销手机费。平时穿职业装/西装,属于白领或中上层收入人士。喜欢健身、游泳等运动。有和谐的家庭。

中国联通的使用者形象:有男有女,25岁以下年轻人或者工薪阶层的成年人。出差不多。对价格比较敏感,穿着比较随便,喜欢购买一些价廉物美的产品。年轻人,比较喜欢接受新鲜事物,爱好乒乓球、羽毛球、下棋,职业以蓝领或者普通白领为主。可能没结婚。

**分析:**

这是两个差异化十分明显的消费群体。虽然消费者告诉我们的年龄、性别等信息并不能直接用来划分消费群体,但他们的描述向我们传达了一些重要信息。相比之下,中国移动的消费群体偏向成熟和年长,但对于年轻人市场的需求还需要给予重视。中国联通以其价格优势和一些比较新的营销活动吸引自己的消费群体。但从长期品牌营销策略上来看,中国移动还是占优势的。另外,中国移动在性能上的优势,以及历史上的先天地位也为自己赢得了消费群的信赖。

资料来源:郑宗义等.品牌知行[M].广州:中山大学出版社,2004.

5. 购物篮

购物篮主要用于了解品牌形象中的社会属性,从消费者的消费形态来探究消费者对于品牌价值的认同感,很适合用于研究快速消费品。特别是该品牌在市场上可能有一个主要的竞争对手,还有一些差异比较明显的其他竞争对手。

操作方法:指定几个品牌或产品(一般是三个)。一个是调研品牌,一个是主要竞争对手的品牌,还有一个是其他比较有特点的竞争品牌。

请被访者想象有三个人在超级市场里,每人推着一辆购物手推车。他们每人都已经各拿了一样前面指定的产品。

接下来,请被访者开始进一步想象自己和这些人在一起。如果这三个人继续购物,他们还会选择哪些比较适合与手推车里的这件商品放在一起的产品?追问原因。

### 购物篮的应用实例

为了进一步了解消费者对可乐主要竞争品牌的看法,我们尝试使用购物篮技术。三个品牌:可口可乐、百事可乐、(娃哈哈)非常可乐。它们分别放在三个购物篮里,消费者会继续在这三个购物篮里放些什么东西呢?

得到的答案如下:

可口可乐篮:家庭清洁用品,家用保鲜膜,汰渍洗衣粉,《幽默大师》(杂志),中国足球队队服,中国结,红色的桌布,足球,清爽沐浴露,冰棍,卡通人物玩具(史奴比等)……

百事可乐篮:漫画人物玩具(灌篮高手等),时尚背包,谢霆锋的唱片,阿迪达斯足球,网球拍,滑板车,耐克运动鞋,荷氏薄荷糖,飘柔洗发水……

非常可乐篮:蔬菜,肉类,雕牌肥皂,蜂花洗发膏,国产电视剧的VCD,黑妹牙膏,水饺……

**分析:**

最清晰的是百事可乐的定位,时尚年轻一族所拥有的装备基本都反映了出来,百事购物篮中各个品牌或者产品本身的属性叠加,就已经能充分表现出品牌的内涵和外延。极限运动和动感音乐之所以成为百事的主题由此可见一斑。我们不但了解了百事所具有的时尚的形象,更重要的是,消费者用那么多的品牌和产品为我们诠释了"时尚"一词的含义。这就为我们以后的品牌营销提供了很好的素材,更为百事品牌的延伸提供了一个很好的背景。

非常可乐的形象也很清楚。从整体来看,它是中低档市场的一个主要品牌,消费者选择的产品和品牌大都是中低档产品。这和非常可乐走农村路线的策略是相符的。

需要认真分析的是可口可乐的购物篮。看上去那个购物篮像个杂货铺,但我们绝不可以武断地认为可口可乐的品牌定位不明晰,这就违背了购物篮技术的初衷了。事实上,透过可口可乐购物篮,我们可以得到它的一些具有竞争性的特性:使用者形象已经深入家庭,被广泛的家庭成员接受；品牌形象里已经渗入了中国人的文化情结；释放心情的感觉；快乐、大气的感觉。正是这些特点,使可口可乐和百事可乐有了比较明显的区分。

## 二、问卷调查法

问卷调查包括三种主要的实施调查:自行填答问卷,以邮寄问卷调查为代表；访谈问卷调查法,调查员与受访者面对面进行访谈,一般由调查员提问并记录答案。以入户调查为代表；电话调查,通过电话提问并记录答案。本书将重点讨论入户访谈的调查方法。

入户问卷调查是由调查员对被抽到的样本挨家挨户地进行访问。访问地点是在受访者的家中。访问时,调查员必须严格按照问卷要求,依题目顺序一一向受访者询问,在受访者作答之后,调查员对受访者的作答做记录。受访者作答范围是有限制的,他们多数情况只能从调查员提供的答案中作出选择。在我国的市场调查中,入户问卷调查是被广泛运用的方法之一。

(一) 入户访谈的实施过程

真正的入户问卷调查从寻找受访户的行动开始。在寻找受访户时,常会发生找不到受访户的现象。原因之一是地址不详,二是受访户搬迁,三是访问时机不合适。如果是地址不详,调查员要跟抽样人员进一步核实；如果是搬迁,只好按要求寻找替代样本；如果是访问时机不合适,调查员要另找时间访问,在不同时间访问三次之后仍然找不到,再找替代样本。

找到受访户之后,调查员就要想方设法登门拜访。近年来,由于种种原因,登门拜访变成一件难事。既有客观的障碍,如层层的防盗门；也有主观的障碍,如有些受访者不愿接受调查访问。登门拜访能否成功,在一定程度上取决于访问员的耐心和介绍说明。有时,个别受访户的确有某些原因不能当场接受访问,调查员可以跟他们预约一个时间,届时再来访问。

一旦登门拜访成功,接下来调查员就要根据抽样要求抽取家中的受访者。有时被抽样受访者会要求由家中其他成员替代接受访问,此时调查员一定不能迁就,要向他们说明这样做会影响调查结果。一般来说一个已经同意接受访问的家庭,只要调查员耐心地说服,他们会同意按要求接受访问的,就怕调查员不坚持原则,所以在调查员培训时这一点要特别加以强调。

当受访者同意接受访问时,调查员就依照问卷题目的次序或培训时的要求进行询问并做相应的记录。在访问过程中,有时受访者会要求自己填答,一般来说,这是不允许的,因为受访者自行填答可能会影响调查的结果,所以调查员必须跟他们解释清楚。

受访者回答完所有问题时,调查员要当场检查一下所有答案,看看有无遗漏或疑问,如发现问题,应及时解决。

访问结束时,调查员要向受访者以及受访户中的其他人致谢,并发放礼品或礼金。

(二) 入户问卷调查的注意事项

在访问之前,调查员要注意带好所需的各种材料,内容如下:

(1) 访问对象资料。包括受访者的人数、受访者的地址、户内受访者的抽样表等。

（2）问卷。要带上比实际访问人数多一些的问卷,避免各种原因使问卷不够用。

（3）记录工具。笔和笔记本等。

（4）交通地图。确保顺利找到受访者。

（5）介绍信或证明调查员身份的证件。

（6）给受访者的礼品或酬金。

（7）访问所需的差旅、食宿等费用。

在访问过程中要特别注意如下几个方面的问题：

（1）不能轻易地放弃一个受访户。不愿意受陌生人打搅的家庭越来越多,如果调查员轻易地放弃,那么样本的代表性就会受到影响。

（2）调查员的一切表现,不应该影响受访者的知觉及其意见。也就是说,调查员应该只是问题与答案传递过程中的一个中立的媒介。

（3）严格按要求询问,受访者不理解题意时,可以重复提问,但不能自作解释。

（4）开放性题目的记录,要尽量用受访者的措辞,而不要用调查员自己的措辞。

（5）如果受访者的回答偏离询问话题,要巧妙地将话题拉回,但不能伤害受访者的自尊。

（6）未经许可,不可让受访者自己填写答卷,否则就变成留置问卷调查了。

## 三、深度访谈

深度访谈的原意是相对无限制的一对一会谈,是面谈者通过特定的技术来刺探和引导出详细的信息,从而揭示深层动机的一种方法。深度访谈又叫无结构访谈或自由访谈,是一种半控制或无控制的访问。它与结构式访谈相反,并不依据事先设计的问卷和固定的程序,而是只有一个访谈的主题或范围,由访谈员与被访者围绕这个主题或范围进行比较自由的交谈。它的主要作用在于通过深入细致的访谈,获得丰富生动的定性资料,并通过研究者主观的、洞察性的分析,从中归纳和概括出某种结论。与结构式访谈相比,无结构访谈最大的特点是弹性大,能充分发挥访问者与被访者的积极性。双方可围绕所给的题目,就有关的问题、事件、现象进行深入广泛交谈与讨论。在这种交谈与讨论中,被访问者提供的许多想法和事情往往是调查者所不曾料到的,从而给研究者以很大的启发,使之找到研究的新思路或提出新的研究问题。深度访谈的要点包括：

### （一）设计访谈提纲

访谈前,要对访谈的主要目标和所要了解的主要内容有一个明确的认识。这就是在开始访谈前设计一个访问提纲。这个提纲应该是粗线条的,列出我们认为应该了解的主要问题和应该覆盖的内容范围。访问提纲要求尽可能简洁明了,最好只有一页纸,可以一眼就全部看到。当然访问提纲只是在访问中起提示的作用,以免遗漏重要的内容。

### (二) 了解被访者的情况

访问前最好能对被访问者的各方面情况,比如年龄、性别、职业、文化程度、家庭背景、兴趣爱好等,尽可能详细地进行了解。这样做的好处是,一方面便于访问员根据实际情况采取适当的角色姿态,尽可能缩小访问员与被访问者之间的心理距离,尽可能增加二者之间的共同语言,以建立起融洽轻松的访问关系;另一方面可以使访问员对被访问者在访问过程中所谈的种种情况,有一个更为准确、更为客观的理解。特别是在对一些不易交谈、不易表达的内容进行理解时,这种事前的了解就更具有明显的作用。

### (三) 与受访者协商有关事宜

访问的时间和地点的确定应该以受访者方便为原则。在访问之前,访问员应该事先与受访者进行联系,向受访者说明访谈目的和内容,并和受访者就访问次数、时间长短及保密原则达成协议。还应该与受访者探讨是否对访问进行录音。一般来说,如果条件允许,而受访者又没有异议的话,最好对访问内容进行录音。因为定性研究强调使用受访者自己的语言对它们的意思进行分析和再现,录音可以帮助我们日后分析资料和撰写报告。

### (四) 如何开始访问

一个重要的原则是,尽可能自然地结合受访者当时具体情况开始访谈。比如,我们可以先与受访者聊聊天,询问一下对方的个人经历、家庭背景和生活工作情况。这么做可以使气氛变得比较轻松,增进交谈双方的情感交流,消除双方心理上的隔膜。在双方建立一定的关系以后,就可以引导受访者开始回答第一批问题,访问正式开始。

### (五) 访谈中如何提问

提问、倾听、回应被认为是访问中的三项主要工作,它们在实际操作时是相互交融、密不可分的。访问中的问题因访问者的习惯、受访者的个性以及当时的情境而有所不同。常用的一些访问问题可以按如下标准进行分类:按问题的语句结构可以分成开放型和封闭型;按问题所指向的回答可以分成具体型和抽象型;按问题本身的语义清晰程度可以分成清晰型和含混型。在定性研究中,多用开放型问题而少用封闭型问题,因为这样不会在形式上对受访者的回答有所限定,不会限制受访者的思路。另外,抽象型问题应该尽量少用,因为受访者对这类问题往往容易凭自己的印象想当然,而具体性问题有利于受访者回到有关事件发生时的时空和心态,对事件的情境和过程进行细节上的回忆或即时性建构。同时,应尽量使用结构简单明了、意义单一、容易被受访者理解的清晰性问题,而少用那些语句结构复杂、承载着多重意义和提问者个人倾向的含混型问题。

### (六) 访谈中如何倾听

"听"既是一种技术又是一门艺术,它需要我们不仅有意识地学会听的技能,而且要用自己的心去体会对方的心。在听对方说话时,我们不仅要听到对方所发出的声音和词语,而且要设法体察对方没有说出来的意思。我们要调动自己所有的触觉和情感去感受对方,积极主动地、有感情地与对方互动。只有这样,访谈的双方才能就共同关心的问题进行深入的、建构性的探讨。

## 任务三　品牌调研的内容

**思考案例**

### 红牛品牌的品牌诊断

"困了累了喝红牛",国际功能饮料中的第一品牌红牛的这句广告语在中国一打就是八年。在这八年中,中国市场的变化是巨大的,国内饮料的市场状况也已今非昔比,消费者的消费心理与消费品位也在不断调整,变得越发喜新厌旧。与近年来强势出击的饮料界相比,红牛一直不温不火。

七八年前,一个来自泰国的国际品牌红牛,以功能饮料的身份带着当时颇为壮观的广告声势向人们扑面而来。当时无论是广告或报道,红牛的宣传都集中在产品功能属性的介绍,而且当时市场上的功能饮料又只有红牛这一个品牌,这句简单、明确的广告语让消费者清晰地记住了红牛的功能,也认可了红牛的功能,逐渐红牛在中国功能饮料上做到了第一品牌,应该来说,红牛的品牌知名度是相当高的,已经可称为一个知名品牌。

但知名度带来的不是美誉度和亲和度。红牛在消费者心目中知名度高是指当这个品牌被提及时,大家对这个品牌的来龙去脉都知道,不会拒绝这个品牌,但并不能使消费者主动、频繁地去购买这个品牌。而对于红牛目前的忠诚度来说,虽然红牛仍然拥有一群比较忠诚的消费者,他们对红牛的功能属性非常认可,"困了累了"就喝红牛;但它的消费群体无法扩大,有绝大部分人因为对这个功能没有需要,因此坚决不喝或基本不喝;还有一部分"游离"的机会消费者,他们都知道红牛,但认为它只有这个功能,只有在特定的时间内、特定的环境能喝,另外就不能喝了,不会主动地、频繁地、有意识地去消费。由此可见,红牛的忠诚度是很低的。

造成红牛品牌这种情况的原因是什么？它缺的不是品牌的知名度,而是如何才能将这个知名度向美誉度转换,将知名度变成品牌的忠诚度。首先要争取红牛相当一部分的游离消费者。这些消费者之所以游离是由于红牛多年来的宣传策略造成的,消费者认为红牛的产品功能性太强,而在消费者心目中,功能性太强的产品一定具有某些程度的负面影响。因此,红牛首先要将阻碍消费者购买的心理障碍除掉;其次,要赋予红牛一些特定的品牌含义,创造消费者的消费欲望;最后,使消费者从拥有消费欲望转变为购买冲动。而且,由于品牌的美誉度、忠诚度无法靠简单的广告手段来建立,也不是通过品牌的包装和概念炒作形成的,红牛必须借助于企业自身的行为,通过不断为消费者提供优质、有特色的产品,并与消费者形成良好的沟通,逐渐改变以往狭窄的品牌定位,逐渐取得消费者对品牌的认同,最终赢得消费者的好感。这是一个长期的过程,需要红牛持之以恒地坚持下去。

看了上面的案例,我们可以领悟到一个道理:在企业经营活动中会有种种需要,譬如,建立品牌、提升品牌、竞争、重新定位等等,迫使公司要深入准确地了解消费者的想法。因此,必须关注这些问题:消费者心目中的品牌是怎样的品牌?品牌的市场表现如何?品牌是否具有良好的竞争能力、持续的成长动力?为了测试消费者对品牌的认知状况,了解企业所采取的品牌策略及这些策略的效果,了解品牌的核心利益点(使用价值)在目标消费者中的熟悉程度、吸引程度、可信程度如何,可以从品牌持久发展能力、品牌市场占有能力、品牌市场创利能力、品牌定位能力等四个方面进行调研。

## 一、品牌持久发展能力调研

品牌持久发展能力调研主要考察品牌知名度、品牌美誉度、品牌联想度和品牌忠诚度四个方面。

(一)品牌知名度

反映潜在的消费者认出或想起某一品牌的能力。如,提到汽车首先想起的是大众、宝马、奥迪等品牌,长城、中华、奇瑞等品牌的知名度就稍低一些。品牌知名度既包含了品牌与产品之间的联系,如产品质量、价值、用途、声誉等,又包含了企业营销和传播活动的结果。

品牌知名度的调查可以采用抽样调查的方法,随机抽取1 000人,对某一品牌能认出或想起的人员的数量进行统计,调查包括两种情况:提示知名度和无提示知名度。

提示知名度的调查层面如下(以中华品牌为例):

熟悉品牌:你知道这些汽车品牌中的哪一些?(出示提示卡片)

认知品牌:你是否听说过中华这一品牌?

无提示知名度的调查层面如下:

回想品牌:你可以想出哪些汽车品牌?

第一品牌:在回想时第一个想起的品牌是什么?

唯一品牌:唯一能想起的品牌是什么?

根据两种情况统计人数,并用以下公式进行计算:

品牌知名度(提示/无提示)=认出(想起)该品牌的人员数量/1 000名消费者

(二)品牌美誉度

反映消费者在购买该品牌后对该品牌的产品质量、功能和社会价值的满意程度。包括品质认知和喜好程度两部分。品质认知是指消费者对品牌是属于优质或是劣质的印象,喜好程度包含了品牌的领导性、创新性和代表性。对品牌美誉度的调查也可采用抽样调查的方法,随机抽取1 000名消费者,从中对认为最满意和最完美的品牌的人员数量进行统计,计算公式如下:

品牌美誉度=认为最满意和最完美的品牌的人员数量/1 000名消费

### (三)品牌联想度

反映消费者记忆中与某品牌相关联的每一件事,它是在品牌认知的基础上产生的一种消费者行为,是品牌特征在消费者心目中的具体体现。例如,提到海尔联想到空调、海尔兄弟、星级服务、品质、真诚等。对品牌联想的调查可以采用投射技术法,也可以采用访谈法等常规性方法,品牌联想常用的调查方法有自由联想法和比喻法。自由联想法通常的提问方式如下:

提到某一品牌,你会想到什么?尽可能多地记录并加以追问。

这些联想给你总的印象是什么?

这一品牌给你的最直接最核心的联想是什么?

有研究者采用比喻法调查消费者对品牌的联想,其中,消费者对肯德基、假日旅馆和玉兰油的比喻性联想如表2-2所示。

表2-2 比喻联想法

| 比喻的事物 | 肯德基 | 假日旅馆 | 玉兰油 |
| --- | --- | --- | --- |
| 人 | 普通的人 | 友好的人 | 年轻的人 |
| 动物 | 斑马 | 貂 | 貂 |
| 人的活动 | 野营 | 旅行 | 游泳 |
| 织物 | 斜纹布 | 涤纶布 | 丝绸 |
| 职业 | 家庭主妇 | 卡车司机 | 秘书 |
| 报刊杂志 | 电视报 | 商业周刊 | 流行杂志 |

### (四)品牌忠诚度

反映了消费者对某一品牌持续购买愿意付出更多代价以及对品牌使用经历的满意程度,即消费者偏好转向另外一个品牌的可能程度。

可以用金钱、路程、时间的额外付出度来定性研究品牌忠诚度,例如询问被访者:

你愿意为某品牌多付多少额外的金钱?

你宁可多花多少钱去买A品牌,也不去买B品牌?

也可以采用抽样调查的方法随机抽取1 000名消费者,用1 000名消费者重复购买该品牌的消费者的比例来评估品牌忠诚度。计算公式如下:

$$品牌忠诚度 = 重复购买该品牌的消费者数量 / 1\,000名消费者$$

## 二、品牌市场占有能力调研

通过企业内部资料得到调研品牌的销售额、销售终端等数据,通过企业外部资料的收集,统计或估计行业内同类产品的销售额、销售终端等数据。然后用数据对市场占有率、市场覆盖率、销售(营业)额等三个指标进行测评。具体指标如下:

(1)市场占有率:反映该品牌的销售额与同类产品销售总额之比。

市场占有率＝该品牌的销售额/同类产品的销售总额

（2）市场覆盖率：反映该品牌在市场上的占有广度。

市场覆盖率＝该品牌的销售终端数/行业同类产品的销售终端数

（3）销售（营业）额：反映该品牌的销售总额或销售规模。

## 三、品牌市场创利能力调研

品牌市场创利能力调研需要的数据主要跟利润相关，运用相关数据对销售（营业）利润和利润率两个指标进行测评。具体指标如下：

（1）利润率：反映该品牌的综合盈利能力。

利润率＝该品牌利润总额/该品牌销售总额

（2）销售利润：反映该品牌获利的大小。

## 四、品牌定位能力调研

品牌定位是指建立一个与目标市场有关的品牌形象的过程与结果。品牌定位能力就是在定位过程中所表现的相对竞争力，在定位结果上表现的相对优势。一个企业不论它的规模有多大，它所拥有的资源相对于消费需求的多样性和可变性总是有限的，因此，它不可能去满足市场上的所有需求，那么考察企业自身的品牌定位能力就能针对某些自己拥有竞争优势的目标市场进行营销。

小案例

### 孩子！慢慢地吃，不用急

市场调研是企业进行品牌定位创新的第一步。企业必须深入地调查市场，了解市场构成、细分特征、消费者需求和竞争者情况等。在科学系统地收集、整理、分析以上信息资料的基础上，提出解决问题的建议，保证品牌定位创新活动的顺利进行。史维哲·克拉克公司就在一次成功的品牌定位创新中充分利用了市场调研的作用。

奶球牌糖果是史维哲·克拉克公司的产品，它是一种装在黄棕色小盒子中的糖果，是青少年们爱吃的一种零食。克拉克公司发现，奶球牌糖果最佳的消费者为已略微懂事的儿童。他们的平均年龄在10岁以下，喜欢吃糖果，而且对糖果十分敏感。于是克拉克公司打算在现有市场的基础上，将目标市场延伸到儿童消费者，这就涉及品牌的重新定位问题。

克拉克公司展开了充分的市场调查，了解到当有关糖果的想法出现时，儿童消费者的心中就会联想到糖棒，例如赫西（Hershey's）、杏仁乐（Almond joys）、银河（MileWays）、雀巢（Nestle's）等品牌的糖棒。这些名牌都享有很高的美誉度，且每年都花费大量金钱做形象宣传。相比之下,奶球牌糖果并无优势可言。如果把奶球品牌继续定位为糖棒形象,这意味着克拉克公司必须花费数百万美元的广告费,才能与那些已享有很高知名度、美誉度的竞争者们分享市场。如何以最少的费用让奶球牌糖果进入潜在消费者的心中并深深扎下根呢?这的确是一个困难的问题。

经过调查分析,公司发现了竞争者的一个弱点:市场中的糖棒都很小,不耐吃,一个小孩一般二三分钟就可以吃掉一根价值5块钱的赫西牌糖棒。糖棒这么容易变小,这使得这些小消费者们感到不高兴,因为他们的零用钱是有限的。

这些小孩的想法启发了克拉克公司,他们决定利用竞争者的弱点,将竞争者所花费的数百万美元的广告费为已所用。于是,一种新型奶球糖出现了,它们装在盒子里,每盒有15颗。小孩可以把它们分开一颗颗的吃。显然,一盒奶球糖果比一根糖棒要吃得久一些。糖棒的另一耐吃选择品,这就是奶球牌糖果的重新定位。

根据市场调查和对竞争对手的分析,奶球牌确定了新的市场定位,这种定位是否成功呢?还需要看看实际的宣传效果。对于大多数经常为糖果做广告的人来说,他们从没有以耐吃为特点进行过广告制作。后来的广告是这样的:

从前有个小孩,他有张大嘴……(一个小孩站在一张巨大嘴巴的旁边)。

……心爱的糖棒(这个小孩正在将一根接一根的糖棒塞入那张大嘴中)。

……但是它们并不耐吃(这个小孩把糖棒吃光了,那张大嘴变得很恼火)。

然后他发现了巧克力盒子里的奶球糖(这个小孩将奶球糖拿起,那张大嘴开始舔它的下颚)。

大嘴巴爱上了奶球,因为它们耐吃(小孩把一颗颗奶球滚到大嘴巴的舌头上去)。

然后,小孩和大嘴巴合唱了一首歌(实际上是广告歌谣):

当糖棒只是一段回忆时,你仍然会吃你的奶球,为你的嘴巴弄些奶球吧(小孩和大嘴巴都展开了笑容)。

这则广告以低成本创造了奇迹,在以后的几个月中,奶球牌糖果的销售额和品牌美誉度得到了很大提升。科学的市场调研使克拉克公司迅速走出了创新的困境、抓住了市场空白点,对品牌进行重新定位,使品牌走向成功。

资料来源:食品科技网 http://www.tech-food.com/kndata/1040/0080744.htm

以下从品牌定位能力调研中的市场调研费用、品牌的市场细分能力与品牌形象和个性三个考察项来进行调查分析。

(一)市场调研费用

反映该品牌用于市场研究的投入费用多少。主要通过企业内部资料收集获得。

(二)市场细分能力

反映该品牌从市场细分到目标市场选择过程的能力。可以通过企业内部调查直接反映,也可以通过消费者来间接反映。

1. 从企业方面

调研方法:探索性定性分析法中的深度访谈法、焦点小组访谈法。

访谈对象：总经理、营销总监、市场部经理、销售部经理等。
提问方式：请问贵公司的品牌定位是什么？
　　　　　请问贵公司是如何进行品牌定位的？
调研目的：了解企业对市场深度和消费者情况的掌握程度，通过将回答结果与定位是否建立了参照系、是否充分利用了相似点、差异点是否具有强大的效力三个要点比照来直接衡量市场细分能力。

2. 从消费者方面
调研方法：探索性定性分析法中的深度访谈、焦点小组访谈法、产品试用记录和对消费者监测录像。
调研目的：了解促进消费者购买动机的意见，造成顾客对现有品牌不满的原因以及顾客整体行为、态度购买动机，以此间接评价企业市场细分能力。

（三）品牌形象和个性
品牌形象指品牌在消费者心目中的整体印象。品牌个性指品牌所自然流露的最具有代表性的精神气质，它是品牌的人格化表现，反映该品牌特征与目标市场相适应的结果。
对品牌形象和个性的调研是消费者对品牌的认知、理解和信任程度的综合过程，可能涉及不同的调研方法。

1. 调研方法
首先定性分析采用以下几种形式：焦点小组访谈法——消费者以小组形式接受采访，小组成员由在生活方式、年龄、性别、或购买行为方面有共同之处的消费者组成，这样他们之间可以交换观点和意见，并激发辩论；深入访谈法——通常是一对一的采访。另外还有夫妻之间和朋友之间的深入采访，这种形式用于讨论特定的敏感话题；投射技术法用于探究其隐藏在消费者表面反应下的真实心理。从定性分析中获得的资料，接着要进行定量分析。

2. 提问方式
本品牌、竞争品牌的核心价值主张是什么？您对此有多少认知？
在您心目中，本品牌、竞争品牌各代表什么？
您对本品牌、竞争品牌的品牌精神、属性、价值观、符号等要素的认知和联想是什么？

3. 调研目的
用具体的语言、文字陈述、图片、声音或味道形容品牌。
产品包装作为品牌形象的一部分，也是品牌个性的体现。在此以包装调研为例：
跟踪消费者购物或观察本包装所在柜台；
对实际的使用元素做内部记录；
深入访谈代替小组讨论以避免集体诱导；
采用实体模型装置或计算机虚拟装置来检验包装的显著性；
通过开发阶段性实体模型来分析破译品牌的视觉暗示。

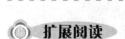

**扩展阅读**

### 轿车品牌形象调查问卷

一、基本情况(在符合的选项上打"√")

性　　别：男　　　女

婚姻状态：已婚　　　未婚

年　　龄：45岁以上　　35~45岁　　25~35岁　　25岁以下

学　　历：硕士及以上　　本科　　大专及以下

工作年限：20年以上　　10~20年　　5~10年　　5年以下

年 收 入：20万元以上　　10万~20万元　　5万~10万元　　5万元以下

地理位置：

东部发达地区(江苏　浙江　上海　广东　北京)

东部其他地区(福建　山东　天津　辽宁　河北　吉林　黑龙江)

中部地区(河南　湖北　山西　安徽　江西　湖南　内蒙古)

西部地区(上述省市之外的地区)

二、轿车品牌形象的因素结构(在符合的选项括弧中打"√")

| 相关陈述 | 符合程度 ||||||
|---|---|---|---|---|---|---|
| | 非常不重要 | 不重要 | 不太重要 | 无所谓 | 比较重要 | 重要 | 很重要 |
| 1. 在轿车品牌形象的结构中,企业形象的重要性 | | | | | | | |
| 2. 在轿车品牌形象的结构中,产品形象的重要性 | | | | | | | |
| 3. 在轿车品牌形象的结构中,使用者形象的重要性 | | | | | | | |
| 4. 在轿车品牌形象的结构中,口碑好感度的重要性 | | | | | | | |
| 5. 在轿车品牌形象的结构中,社会责任感的重要性 | | | | | | | |
| 6. 在轿车品牌形象的结构中,市场占有率的重要性 | | | | | | | |
| 7. 在轿车品牌形象的结构中,耐用性的重要性 | | | | | | | |
| 8. 在轿车品牌形象的结构中,造型的重要性 | | | | | | | |
| 9. 在轿车品牌形象的结构中,服务品质的重要性 | | | | | | | |
| 10. 在轿车品牌形象的结构中,广告认知度的重要性 | | | | | | | |

续表

| 相关陈述 | 符合程度 | | | | | | |
|---|---|---|---|---|---|---|---|
| | 非常不重要 | 不重要 | 不太重要 | 无所谓 | 比较重要 | 重要 | 很重要 |
| 11. 在轿车品牌形象的结构中,公关美誉度的重要性 | | | | | | | |
| 12. 在轿车品牌形象的结构中,销售网络的重要性 | | | | | | | |
| 13. 在轿车品牌形象的结构中,发展历史的重要性 | | | | | | | |
| 14. 在轿车品牌形象的结构中,经济性的重要 | | | | | | | |
| 15. 在轿车品牌形象的结构中,先进装备的重要性 | | | | | | | |
| 16. 在轿车品牌形象的结构中,排放标准的重要性 | | | | | | | |
| 17. 在轿车品牌形象的结构中,母公司形象的重要 | | | | | | | |
| 18. 在轿车品牌形象的结构中,传播媒介的重要性 | | | | | | | |
| 19. 在轿车品牌形象的结构中,出口表现的重要性 | | | | | | | |
| 20. 在轿车品牌形象的结构中,价格的重要性 | | | | | | | |
| 21. 在轿车品牌形象的结构中,性别的重要 | | | | | | | |
| 22. 在轿车品牌形象的结构中,年龄的重要性 | | | | | | | |
| 23. 在轿车品牌形象的结构中,学历的重要性 | | | | | | | |
| 24. 在轿车品牌形象的结构中,技术含量的重要性 | | | | | | | |
| 25. 在轿车品牌形象的结构中,安全性的重要性 | | | | | | | |
| 26. 在轿车品牌形象的结构中,舒适性的重要性 | | | | | | | |
| 27. 在轿车品牌形象的结构中,职业的重要性 | | | | | | | |
| 28. 在轿车品牌形象的结构中,收入的重要性 | | | | | | | |
| 29. 在轿车品牌形象的结构中,个性的重要性 | | | | | | | |
| 30. 在轿车品牌形象的结构中,婚姻状态的重要性 | | | | | | | |
| 31. 在轿车品牌形象的结构中,兴趣爱好的重要性 | | | | | | | |
| 32. 在轿车品牌形象的结构中,消费习惯的重要性 | | | | | | | |
| 33. 在轿车品牌形象的结构中,地理位置的重要性 | | | | | | | |

请您再次检查是否回答完整,衷心地感谢您对本次调查的支持!

## 项目总结

品牌调研是市场调研的一种特殊形式,是为了获取品牌管理过程中所需要的信息而进行的科学的调查研究活动。本项目通过对品牌调研的程序、品牌调研方法的选取以及确定调研内容的介绍,提升学生品牌调研操作的能力。

### 一、简答题

1. 品牌调研的程序是什么?
2. 品牌调研的主要方法有哪些?
3. 投射测试法的基本原理及类型?
4. 品牌调研的基本内容有哪些?
5. 品牌定位调研的主要内容有哪些?

### 二、案例分析题

**案例一:青岛啤酒**

青岛啤酒是中国啤酒第一品牌,中国啤酒行业唯一一个全国性啤酒品牌,中国啤酒行业唯一一个世界知名品牌,其强大的品牌影响力在中国无可替代。

青岛啤酒从 1997 年 8 月开始大规模扩张运动,运用兼并重组、破产收购、合资建厂及多种资本运作方法攻城略地,在华南、华北、华东、东北、西北等啤酒消费重点区域控股了 38 家啤酒生产企业,截止到 2001 年中,全国已有 45 家企业归入青啤麾下。青啤的产销量从 1996 年的 37 万吨急剧扩张至 2001 年半年产量即达 121 万吨,2001 年全年有望突破 250 万吨,市场占有率由 2000 年的 6.7% 上升到 2001 年上半年的 10.7%。

青岛啤酒品牌的主打品牌是青岛啤酒,旗下几十个品牌林立,以青岛啤酒为"中军主将"。2001 年上半年,青岛啤酒的产销量、销售收入、出口创汇同时跃居同行业之首。

在一片地方啤酒品牌割据的中国啤酒市场中作为唯一一个全国性啤酒品牌,而且作为我国啤酒业中唯一的国际知名品牌,青岛啤酒在消费者心目中具有较高的品牌地位。其悠久的历史文化和优秀的品质在中国啤酒市场中享有盛誉。其纵横捭阖、突飞猛进的进取精神给消费者留下深刻的印象。

人们之所以消费青岛啤酒,选择青岛啤酒,与其生活观、时尚观密切相关。其消费行为特征主要为:

(1) 青岛啤酒消费者一般对一至两个啤酒品牌有较高的忠诚度,如果不注意品牌的整体规划和建议,消费者较容易发生品牌转换,其选择范围很大。

(2) 消费者饮用啤酒时会根据不同的场合选择不同的品牌。

（3）青岛啤酒的消费者饮用啤酒时的口味选择越来越讲究品质。

（4）消费者饮用啤酒时非常重视包装的选择，青岛啤酒的消费者往往通过啤酒包装来判定一种啤酒的档次的高低。产品包装作为品牌传播的外在表现之一，有时会直接影响青岛啤酒消费者的购买欲望。

（5）消费者购买啤酒时的考虑因素：口味、价格、品牌是影响消费者购买行为的三大因素，青岛啤酒的消费者非常重视啤酒品牌的力量和影响力。

青岛啤酒目前的品牌特征和地位如下：

品牌特征：大方典雅的、有品位的、平易近人的。

品牌地位：中国啤酒第一品牌，市场占有率高居10.3%。

通过回顾本项目中讨论的品牌调研的内容，结合案例中的信息进行分析：

1. 青岛啤酒从哪些方面建立差别化优势，提升品牌竞争力？
2. 要全面考察青岛啤酒在市场中的竞争能力，还需要对哪些方面进行调研？指出你选择的调研方法的优缺点。
3. 针对以上的调研资料，你对青岛啤酒的品牌运作有什么建议？

### 案例二：关于速溶咖啡购买动机的研究

海尔设计了两张购物单，购物单上各有7个要购的商品，除一张购物单上要购速溶咖啡，另一张上要购新鲜咖啡不同以外，其余6项两张购物单上是完全一样的。找两组被试者，每组只看一张购物单。告诉被试者这张购物单是一位家庭主妇制定的，请他根据这张购物单想像这位家庭主妇是什么样的人。结果一组被试中几乎有一半的人把买速溶咖啡的家庭主妇说成是懒惰的、邋遢的、生活没有计划的；有12%的被试者说她是挥霍浪费的女人；还有10%的被试者说她不是好妻子。另一组被试则把购买咖啡豆的家庭主妇说成是勤快、干净利落、讲究生活、对家务尽职尽责、喜欢烹调的。

通过回顾本项目中讨论的品牌调研的方法，结合案例中的信息进行分析：

1. 海尔采用了哪一种调研的方法？
2. 这种调研方法有什么特点和优势？
3. 关于这种调研方法你能举个例子吗？

# 项目三 品牌定位

引导案例

**企业道德和社会责任定位**

纯真饮品公司是一家英国公司,以其品牌所传递的顺滑及俏皮的信息而闻名。纯真饮品公司在其设计清新、受人喜爱的网站上清晰地阐明:"我们希望把纯真打造成提供天然食品和饮料的、强调商业伦理的全球化企业,时刻保持商业上的成功,坚守社会责任意识。"

纯真公司每年都把10%的企业利润用于慈善事业。这些资金主要流入纯真基金,这个基金的目标是改善水果原料原产国的农村群体的生活,这些人的生活受到可持续的农业发展的限制。

2007年9月,纯真饮品成为世界上第一家采用百分之百可回收材料的包装瓶的企业。企业在包装上的环保努力还包括尽可能地减少每个产品所使用的包装物,采用低碳材料,以及选择可以被广泛使用的垃圾处理技术回收的原材料。

在原材料采购方面,纯真饮品公司还选择注重社会责任的供应商,把采购优先权给那些保护环境及员工利益的企业。公司还致力于成为资源有效使用的企业,注重减少企业经营中的碳足迹和水足迹,积极降低对这两种资源的使用。

资料来源:保罗·藤甫诺.高级品牌管理——实务与案例分析[M].北京:清华大学出版社,2010.

项目三　品牌定位

知识目标

1. 掌握品牌定位的策略；
2. 了解品牌文化的内涵；
3. 掌握品牌文化的塑造；
4. 掌握品牌个性的内涵。

能力目标

1. 能够为企业品牌合理定位；
2. 能够塑造产品的品牌文化及个性。

任务分解

任务一：品牌定位
任务二：品牌文化塑造
任务三：品牌个性塑造

## 任务一　品牌定位

### 思考案例

**Nike Free 的利益定位**

Nike Free 系列的产品承诺给消费者带来像光脚奔跑一样的感觉，鞋子穿起来就好像没有穿一样，通过更少的束缚使足部肌肉获得更多的力量。按照这一最终利益要求来调整鞋子的各种特性。例如，将鞋带设计在鞋子的一边，以减少鞋面对脚背产生的压力，而鞋底边缘的明显凹槽模仿了脚部的自然运动方式；设计过程中参照了各种不同程度的"光脚奔跑"的模型，以确保消费者获得最舒适的体验。

43

## 一、品牌定位内涵

1969年6月,艾·里斯和杰克·特劳特在美国营销杂志《工业营销》上发表了一篇题为《定位:今天"ME-TOO"市场中的竞赛》的文章,并首次提出了定位这一概念,引起了极大的反响。1972年,两人为专业刊物《广告时代》撰写了名为"定位时代"的系列文章。1979年,两位大师再次合作,出版了第一部论述定位的专著《广告攻心战略——品牌定位》,并首次将定位策略上升为系统的定位理论。

所谓定位,指的是市场中一个公司、一种产品或服务所享有的相对于该市场中的其他公司、产品或服务的位置。这是按照产品或服务所针对的目标消费群以及在为该目标顾客群所创造和提供的差异化优势或独特性来定义的。

品牌定位是包含在定位概念中的一个子概念。在现代社会,只有品牌定位明确,才能够易于识别,产品或服务在市场中才有竞争力。

因此,可以给品牌定位下这样一个定义:"品牌定位指的是一个品牌在顾客的头脑中所形成的具体而确切的含义。更确切地说,一个品牌的定位应该能够清楚地表达顾客通过使用该品牌所要达到的目标,并能清楚地解释相对于其它达到该目标的手段来说,为什么该品牌是最佳的。"简言之,品牌定位就是找到自己的强项,并努力地运用它,使得人们能够留下深刻的印象。

## 二、品牌定位的原则

实施品牌定位通常要依据以下四个原则:

(一)要体现产品或服务以及行业的特点

产品是品牌的载体,品牌定位必须反映产品及产品所属行业的特点,从大的方向界定品牌的类别属性。如,联邦快递作为快递公司,色彩识别需要非常醒目,如图3-1,它的这组设计,从字体到橙色和紫色的搭配,能够体现出速度、科技与创新的感觉。

图3-1 联邦快递品牌标志

(二)品牌定位要从目标市场及目标消费者出发

对目标市场及目标消费者的界定即反映出品牌组合战略的基本实施方向,品牌定位应直接定位于目标消费者的心中。

◎ 扩展阅读

在20世纪80年代末期,"绿色企业"达到最高峰,人们更加意识到环境保护的重要性。

消费者对环保认知的提高,使企业投入绿色品牌认证。

而"红色营销"唤起企业责任感,是将代表公益的红色用在产品上,厂商在销售时同步捐出部分金额做公益,或是确保原材料来源、制造过程是在负责任的行为下推出产品,这些都是为了呼应人们期望厂商能在公共领域多负担社会责任的声音。

### (三)要参照竞争品牌

品牌定位的目的之一是为了寻求与众不同的品牌个性,而竞争品牌就是它最为主要的一个参照系数。

**小案例**

高露洁、佳洁士是牙膏行业中的前两名,二者在视觉形象上、色彩选择上截然不同。高露洁作为行业中的老大,品牌定位一直非常大气。首先,品牌代言人都选体育界和娱乐界的大牌明星,另外它的广告总体上也非常大气,比如说它的广告语"我们的目标,没有蛀牙",这几乎是所有的牙膏产品都面临的主题。佳洁士一直把自身定位为"为大众服务"的品牌,其形象代言人以及进行的各种公益活动都更能拉近与消费者的距离。

### (四)品牌定位要考虑资源条件与成效比

品牌定位的最终目的是为了让产品或服务占领市场,为企业带来最佳经济效益。因此,品牌定位要充分考虑企业的资源条件,优化配置,控制成本,以自身实力而定。

**扩展阅读**

强势定位 7 步骤

Upshaw(2000)在其《建立品牌识别》一书中列出了推动强势定位的 7 步骤:
1. 标示品牌范围(即了解品牌提供了什么样的好处给购买者);
2. 认同消费者的自我识别和生活实况;
3. 坚守以顾客和事实为基础而建立的产品优点;
4. 建立令人信服的定位支援(即强化品牌提出的保证或优点);
5. 将品牌个性具象化(即品牌个性流露出更浓厚的感性与人情味);
6. 挑选适当的定位方案;
7. 保持坚定的信念。

## 三、品牌定位策略

企业可以采取不同的品牌定位策略,结合品牌的营销方式,使品牌信息更易于为消费者接受与识别。品牌定位的策略主要有:

## （一）属性定位策略

即以某些特性为基础，将公司品牌与竞争者品牌区别开来。如，宝洁作为世界最大的日用消费品生产商和销售商，旗下拥有众多品牌，单就洗发水而言，飘柔是头发柔顺专家、海飞丝是去头屑专家、潘婷则是头发营养专家，其品牌定位都是以产品特点为导向的，其品牌视觉形象设计都围绕它的产品特点而展开。

## （二）利益定位策略

即根据产品能带给消费者的某项特殊利益定位。当同类产品品牌太多、竞争激烈时，突出自身能为消费者带来哪些利益，可以避免定位策略的撞车。如就汽车市场而言，宝马的"享受驾驶的乐趣"、劳斯莱斯的"尊贵"、菲亚特的"精力充沛"、马自达的"可靠"、沃尔沃的"安全"等，通过不同的利益诉求，来凸显自身的独特优势。

> **小案例**

Fast Fashion 的快速销售策略得到空前成功，也让来自不同国家的 Fast Fashion 品牌在全球扩充。以西班牙品牌 Zara 为例，Zara 由产品设计、物料采购、生产制造、代厂加工、品质管理、包装、运输到店铺上架，只需 10~15 天时间，高效的生产线和供应链造就"快"及"不断变款"，为顾客带来新鲜感，也让消费者买得更快更多。

## （三）目标市场定位策略

即从更深的层次上把品牌与特定消费者的生活形态、生活方式等结合起来，赋予品牌与目标消费人群以十分相似的个性。

> **小案例**

以可口可乐的酷儿果汁饮料为例，酷儿的目标消费者是 5~12 岁的小孩，它用一个可爱的卡通形象作为自己的品牌形象代言。在日本市场，自动售货机上专卖的铝罐包装，2~3 个月就换一回；它的电视广告把故事情节设计成那种孩子看了就会不由自主地把自己想象成酷儿的状态。总之，酷儿的品牌形象很容易打动孩子的内心，它甚至成为孩子成长中的一部分，品牌的成功理所当然。

图 3-2　酷儿宣传海报

### （四）竞争者定位策略

即要凸显品牌与竞争者之间的差异性。我国著名广告人叶茂中曾经说：一旦选定了市场和竞争对手，那么就必须在思维上和竞争对手"反着走"，不是试图做得比竞争对手好，而是要区别于它。

> **小案例**

可口可乐和百事可乐两家可乐公司在产品包装、广告、形象代言人的选择等方面定位都明显不同。百事可乐定位为"新一代的选择"，其品牌理念则是"渴望无限"。为了推广这一理念，它选择足球、音乐作为品牌文化的载体，在广告中借助一大批明星作为品牌代言人，使百事的"新一代的选择"这一品牌定位被人们尤其是青年人普遍理解和接受。可口可乐定位的目标消费者的范围要比百事可乐广泛，只是在近年来才出现广告策略趋于年轻人的倾向。可口可乐一向支持全球要事，它是支持奥运会历届筹委会时间最长、规模最大的赞助商。最初，可口可乐凭借典型的美国风格和美国个性来打动消费者。从1997年起，可口可乐开始注重品牌定位的本土化。在我国主要体现在以下方面：首先在广告上与中国文化、中国传统节日进行结合，运用了大量的中国传统艺术语言和民俗活动符号；其次，还就北京申奥成功、中国入世等重大事件以及赞助中国足球队等大打广告宣传。这样一来，可口可乐仿佛成了中国的本土产品，确实达到了与中国消费者良好沟通的效果。

### （五）情感定位策略

即赋予品牌以某种情感色彩，迎合消费者的消费心理，使品牌与消费者产生情感上的共鸣。如，戴比尔斯以"A diamond is forever"成为采用情感定位策略的一个经典案例。而多芬的"you are more beautiful than you think"则通过对比的手法轻易描绘出女性自我肯定的不足，告诉每位女性要多爱自己、多肯定自己一些。

> **小案例**

在消费群定位上，水晶之恋与当初果冻布丁的做法背道而行，它缩小目标市场，聚焦于年轻情侣；但从品牌名即可看出，水晶之恋在品牌策略上则将喜之郎果冻布丁的"认知之道"进行了彻底的发挥。"水晶"代表着华丽与珍贵，"之恋"预示着美好的情感，这种把"果冻"比喻成"水晶般尊贵浪漫的恋情"的做法，显然没有涉及"果冻"作为一种食物所必备的味觉、口感以及对人体健康和营养的作用的层面，而是直接赋予此种"果冻"一种"水晶之恋"的欲望想象，将消费者情感认知显性化。选择"水晶之恋"作为"果冻"的名字，意味着其出发点是要把这一产品作为"情感食品"——吃水晶之恋，完全是一种心情的表达。

图 3-3　水晶之恋情感定位

### （六）文化定位策略

即将文化内涵融入品牌，形成文化上的品牌差异，这种文化定位不仅可以大大提高品牌的品位，而且可以使品牌形象更加具有特色。

**小案例**

喜之郎消费群定位扩展到大众后，要能触动不同年龄层次的消费者的认知机制，品牌诉求就应针对作用于每一个时代的心理认知大众的文化心理积淀。"人同此心，心同此理"，基于文化心理积淀所形成的社会普遍认知是广告传播与大众消费者进行对话得以成为可能的前提。据此，喜之郎的品牌解决之道是：立足"亲情"这一中国人的基本心理认知进行诉求——即使社会和家庭结构发生了巨大的变化，亲情无价依然绵延五千年，沉淀、扎根在国人心灵上。这是一种很传统、包容面很宽的价值观，能为儒家文化大本营中不同年龄的人所接受，是一个足够涵盖中国人大众情感的诉求。

### （七）档次定位策略

即按照品牌在消费者心目中的价值将品牌分为不同的档次。高档品牌的定位策略要走高端路线，以体现品牌拥有者的身价和地位；中低档品牌的定位策略则要塑造价廉物美的品牌形象。如，依云矿泉水限量版包装设计无时不在彰显其高贵的出身。

图 3-4　依云"限量版"矿泉水包装

> **小案例**

### Mini 晋升为上流社会、时尚代表

1959年Mini款小车在英国问世后,因为车型较小迷你,受到一般女性车主喜爱,尤其在省油好开的号召下,Mini更是畅销。

不过BMW接手该公司后,由BMW设计师重新打造Mini,赋予其全新外貌,可爱的车头与外形,提供了与硕大休旅车截然不同的吸引力。但新Mini也不再是小型廉价车,而为17 000~25 000美元的高级车款,晋升为"上流社会、时尚代表";而且新Mini提供可以应车主要求量身打造车型的服务,更使欧美各国追求自我的车主,乐于下单排队,等上3个月也在所不惜。新Mini的敞篷车款更是受到车主喜爱,2004年首度推出即有30 000辆的销售量,未来BMW更计划将Mini打造成一个新品牌,2006年推出旅行车,之后还有小跑车车款,让Mini浴火重生,获得全世界更多忠诚车主的喜爱。

(八)首席定位策略

即强调自己在同行业中的领先地位,使自己成为品类创新者或者同行业中的首席代表。如,百威啤酒长久以来被誉为"啤酒之王",它始终定位于"第一",一再强调是"全世界最有名的高品质啤酒",是处于"第一"位置的啤

图3-5　百威啤酒

酒,在宣传中始终强调自己的"皇者风范"。百威广告在表现上运用了扣人心弦的创意策略,即将百威啤酒融于美洲或美国的气氛中,如辽阔的大地、沸腾的海洋或宽广的荒漠,使观众面对奇特的视觉效果,产生一种震撼感,令人留下深刻的印象。

(九)比附定位策略

即通过攀附名牌来给自己的产品定位。比附定位的形式通常有:甘居"第二"、攀龙附凤以及进入高级俱乐部。如,蒙牛的"做内蒙古第二品牌",宁城老窖的"塞外茅台",美国克莱斯勒汽车公司宣布"自己是美国三大汽车公司之一",这些都是比附定位的成功典范。

(十)品牌再定位策略

即对品牌重新定位,旨在摆脱困境、使品牌获得新的增长与活力。环境变动、竞争激烈,为使品牌不因激烈环境变动而被淘汰,产品需要重新定位,使老旧品牌重新焕发青春。再定位通常难以成功,原因在于某一产品或品牌的既有观念已经根深蒂固。如,凯马特商店和Aurora(老爷车)再定位为更高的品质,以吸引更年轻的顾客,但结果是凯马特商店濒临破产,老爷车已停产。然而,万宝路、Swatch、王老吉等一系列成功典范,也表明正是由于大胆创新、重新定位,才使品牌再创辉煌。

## 小案例

### Swatch 不断创新铸辉煌

通过对消费者的心理和需求的分析，Swatch 重新定位，从原来的只是报时的手表，定位为时尚的、运动的、音乐的、艺术的，用激情去创造。

首先，Swatch 的买家都是时尚的拥趸，他们是个性、魅力和浪漫潮流的追求者。因此，Swatch 总是为它所推出的每一款新品手表都赋予一个或浪漫、或深沉的主题或是概念，并且让消费者沉浸在他们所塑造出的品牌情感故事或概念潮流里，深深感动。例如，他们为所推出的文化概念型表命名"光谱""瞄准时间""第四时间"等；为情感概念型表命名"玫瑰""禁果""提醒我""往日情怀"；而探索求知概念型表则命名"探险"、"潜望镜"、"碳元素"等，这些新颖、时尚、独具韵味的名字能够对目标消费者产生极大的吸引力。

其次，由于商品的寿命周期缩短，Swatch 总是不断推出新款以迎合消费者。为了保持自己对时尚的领导地位，Swatch 在设计风格上求新求奇、大胆不羁，且从不停止尝试新的构想。同时还通过限量生产等营销手段，突出了产品的稀有性，使 Swatch 对那些不愿大众化的时尚宠儿更具吸引力。

当然还有一些其他定位方式，要根据品牌自身情况而灵活运用。需要注意的是，一个品牌往往集几种定位策略于一身，各种定位策略之间通常会有交叉，这是多方位思考的结果。总之，品牌定位的关键不仅是要找准具有显著识别作用的差异化元素，同时还要紧扣消费者的心理。只有沿着消费者的心理曲线进行定位，才能起到良好的识别效果，有效地帮助品牌树立品牌形象。

### 扩展阅读

定位最常犯的错误，就是选择两条优劣极端的指标轴。最常见的例子就是"品质高 VS 品质低"即"定价高 VS 定价低"，如图 3-6 所示。用两个极端做指标其实是没有多大意义的。如果品牌用以上指标定位，请问低定价及低品质的品牌 D 该如何制定品牌策略？所以制定品牌定位的意义应该是任何在定位图上的位置都能吸引顾客。制定的指标轴应有能力决定不同品牌及其旗下不同产品在市场上的定位，并能摊分足够让产品生存的顾客群，如图 3-7 所示。

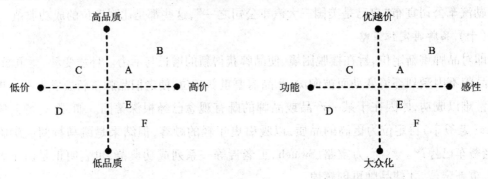

图 3-6　极端指标轴定位　　　　　　　　图 3-7　实用指标轴定位

资料来源：陈洁贞，林颖芝. 新品牌学[M]. 香港：经济日报出版社，2013.

# 任务二　品牌文化塑造

## 思考案例

### 哈雷文化

美国有一句民谚:"年轻时有辆哈雷戴维森,年老时有辆凯迪拉克,则此生了无他愿。"作为世界上最有号召力的摩托车品牌,在哈雷迷心里,哈雷不仅是摩托车,它还是宝贝、玩具,更是象征自由的精神,哈雷已经成为美国"骑手"文化的代名词。哈雷创造了一个将机器和人性融合为一体的精神象征,并深刻地影响了其目标消费群的生活方式、价值观甚至衣着打扮,很多消费者将哈雷的品牌标志纹在自己身上从而与它终身为伴。消费者在购买哈雷摩托车时,已经不是单纯购买一辆摩托车,而是在购买一种文化和生活方式,哈雷戴维森品牌成为了年轻人尽情宣泄自己自由、反叛、竞争精神和彰显富有、年轻、活力的典型标志。

品牌的背后是文化,文化是品牌的核心,是品牌之间区分的特质所在。今天,文化传统和价值取向已经成为品牌竞争战略不可或缺的要素,品牌的文化内涵是品牌力的主要依托之一。

文化可以体现品牌内涵,提升品牌形象。品牌的知名度、美誉度和忠诚度都依赖于深厚的文化底蕴。企业只有注重提升品牌的文化内涵,用心营造具有自己品牌特色的文化氛围,宣传蕴含在品牌文化中的新鲜、健康、独特的生活理念,扩大品牌的市场辐射,才能保持品牌的生命力,促进品牌的可持续发展。

## 一、品牌文化内涵

菲利普·科特勒曾说过:品牌最持久的吸引力来自品牌所包涵的文化,这是知名品牌之所以深入人心的魅力所在。

品牌之所以能成为品牌,必须要被消费者以及非消费者(其他社会公众)承认,这种承认是建立在品牌文化基础上的。

品牌文化(Brand Culture),是指通过赋予品牌深刻而丰富的文化内涵,建立鲜明的品牌定位,并充分利用各种强有效的内外部传播途径形成消费者对品牌在精神上的高度认同,创造品牌信仰,最终形成强烈的品牌忠诚(李艳,2014)。品牌文化的核心是文化内涵,具体而言是其蕴涵的深刻的价值内涵和情感内涵,也就是品牌所凝炼的价值观念、生活态度、审美情趣、个性修养、时尚品位、情感诉求等精神象征。

精神文化是品牌文化的核心层，包括品牌价值观、品牌道德伦理、品牌情感、品牌个性以及品牌制度文化，是品牌的灵魂之所在。

行为文化是品牌文化的中间层，包括品牌营销行为、个人行为以及传播行为等，是品牌的传递方式。

物质文化作为品牌文化的外围层，包括产品文化、包装文化以及名称和标志文化，是品牌的展现形式。

图3-8 品牌文化构成

## 二、品牌文化作用

（一）提升发展空间

消费者是品牌文化的受众群体，具有复杂的个性特征和精神需求。对他们的个性需求和心理进行深入调查分析，可以从更精确的定位塑造品牌文化，吸引消费者，促进销售。企业通过品牌文化来强化品牌力，可以让品牌在激烈的市场竞争中脱颖而出，实现成功的品牌延伸，为企业谋求更为丰厚的商业利润和发展空间。

（二）满足消费者文化与个性需求

行为科学的代表人物弗里茨·罗特利斯伯格指出："社会人的概念，认为人除了追求物质本身之外，还有社会文化方面的需求。品牌文化的建立，能使消费者在享用商品本身带来的物质利益之外，还能享有一种文化上的满足。"

现在，市场上同一类但不同品牌的产品往往有几十种甚至上百种，它们各自像一个个故事，诉说着不同的情感，代表着不同的文化及不同的生活方式。因此，消费者选择商品的同时，其实就是在选择他们感兴趣的、符合他们文化个性需求、代表他们生活方式的"故事"。

**小案例**

摩卡咖啡曾推出一则电台广告，文案内容为："在这个世界上，我找我自己的味道，口味很多，品位却很少，我的摩卡咖啡。"这则广告就是基于文化细分基础上将目标客户锁定在"不赶时尚，有自己品位"的一个特定的人群身上，同时暗示他们选择摩卡咖啡就是坚持这样的生活方式。

（三）有助于培养品牌忠诚群

"我高兴，我买"，对消费者而言，品牌价值包含三个方面：物质价值、精神价值和文化价值。品牌文化触动着消费者的文化心灵，也创造了品牌的价值。因此，品牌文化与消费者内心认同的文化和价值观一旦产生共鸣，将会在无形中强化消费者对这种品牌的青睐，成为品牌的忠诚顾客群。品牌忠诚，不仅仅是一种消费选择，更是一种情感的交流。

> **小案例**

美国可口可乐公司在1985年宣布改变品牌配方时引起轩然大波,顾客们怨声载道,纷纷抗议,迫使公司不得不恢复原有的配方。仅以电话热线的统计为例,在新可乐上市4小时之内,接到抗议更改可乐口味的电话650个;4月末,抗议电话的数量是每天上千个;到5月中旬,批评电话多达每天5 000个;6月,这个数字上升为8 000多个。相伴电话而来的,是数万封抗议信,大多数美国人表达了同样的意见:可口可乐背叛了他们,"重写《宪法》合理吗?《圣经》呢?在我看来,改变可口可乐配方,其性质一样严重。"这说明消费者在长期的消费中与"可口可乐"建立起了特殊的、难以割舍的感情。

## 三、品牌文化的的塑造

在当前市场上,产品在功能性上的同质化日趋严重,想让消费者在众多品牌中,鲜明地识别出一个品牌,最有效的方法是塑造品牌独特的文化内涵。消费者对品牌文化的认同不会轻易改变,因此,一种文化理念一旦被消费者接受,对提高品牌力是十分有利的。这样,品牌文化就形成一种易守难攻的竞争壁垒,成为与竞争对手对抗的有力手段。

企业可以从名称与标志设计、形象代表选择、产品形象塑造、个性塑造等多个途径深入挖掘品牌的文化内涵,构建品牌的文化形象,提高产品的附加值,为企业创造更为广阔的市场空间并攫取更大的利润。

(一)设计名称与标志

名称与标志作为品牌构成的最基本元素,它们属于品牌的可见载体部分。品牌名称本身就反映着品牌文化的精神和传承,品牌标志设计以视觉的方式,用符号、图案或与众不同的色彩或字体等表达品牌的文化核心内涵。因此,品牌文化的传达首先应该从选择名称以及标志着手。

> **小案例**

"鸿福堂"始创于1986年,其创办人黄正发先生籍贯潮州,潮州人喜欢以"鸿"字命名,"福"代表福气、健康,在上个世纪,凉茶铺都爱称为"堂"。所以"鸿福堂"这个品名寓意是能为顾客带来健康的体魄,也能为经营者带来福气的凉茶店。

集团商标(图3-9)以红白对比设计,中文字"鸿福堂"字体乃中国手写书法,置于富有中国传统色彩的旗帜内。三面迎风展开的旗帜,动感十足,彰显出鸿福堂从凉茶起

图3-9 鸿福堂标志

步,做大做强的信心与勇气。而旗帜下以英文名"Hung Fook Tong"作为备注,彰显品牌由传统革新,融入西方文化,将传统凉茶年轻化,并带到海外。

### (二)选好形象代表

麦当劳叔叔、肯德基爷爷、凯蒂猫等都是人们熟悉的品牌形象代表。形象代表是品牌图示的一个特殊形式,往往取材于人类本身或现实生活,借助于电视、网络等传播媒体推广,这种方式表达品牌文化容易被消费者迅速认可。不同的品牌可以根据自己的品牌特点推出不同形式的品牌形象,可以是真实的人物,也可以是卡通人物。

### (三)强化品牌个性

"个性"一词原意是对人的心理特征的一种描述,是指个体在心理发展过程中逐渐形成的稳定的心理特点。因此,品牌个性就是指品牌在建设过程中逐渐形成的对消费者而言稳定的心理感受,品牌文化就是体现出品牌人格化的一种文化现象。在品牌个性的形成与强化过程中,一方面要有科学严谨的态度,对目标群体的需求的认识要准确,即准确定位;另一方面要持续跟进,不断修正。只有这样,才能塑造独一无二的品牌形象,才可能触及品牌的核心领域,为品牌铸就忠诚、崇拜。

**小案例**

七匹狼品牌以"狼文化"为塑造核心,颠覆了传统农耕文化中狼的阴险和凶残,诠释着自信、团队、挑战的另类狼文化。七匹狼在确定个性化之路时,以"狼"为品牌形象的主体,作为其个性的表达语言,并把品牌人格化。深化形象认知,使狼性和男性世界的文化沟通与契合。

图 3-10 七匹狼品牌标志

### (四)融入国家和民族特色

人们常说:"越是民族的就越是世界的。"在很大程度上,品牌是一种文化传统的沉淀过程。越是传统性和民族性的品牌,往往也越是知名的品牌。因此,将我们自己国家和民族特色的文化优势融入品牌中去,才能够与其他民族和地区的品牌区分开来,树立我们自己的特质和自信,进而促使品牌走向全国、走向世界。

**扩展阅读**

可爱文化是日本自身独有的一种文化,自20世纪70年代以来,"可爱"已经成为日本文化的重要元素,"凯蒂猫""皮卡丘""名侦探柯南"等一系列卡通形象人物更是将这种"可爱"文化推向了全世界。目前,这种可爱文化的风潮也进入了世界多个国家,如德国有NICI公司的玩偶和国宝级的老鼠Die Maus(见图3-11)、源于荷兰北岸的Miffy(见图3-12)、

图 3-11 Die Maus 卡通形象

图 3-12 Miffy 卡通形象

美国的米老鼠、唐老鸭、白雪公主、狮子王等。

（五）实施文化营销

文化营销是创新商业活动另类模式，是指企业在产品的行销过程中，给企业或产品注入一点文化元素，把企业的文化理念传播给渠道和消费者，使得消费者在消费产品和选择品牌的同时获得心灵上的共鸣和价值上的认同。

**小案例**

谭木匠专卖店大都设在城市商业闹市区，店面陈设有统一的风格要求，整个店面传递出浓厚的文化气息，于浮光掠影中给人一种原汁原味的古朴感。顾客走进谭木匠专卖店，感动于喧嚣城市里这块小天地带给人的那份古老而精致的心情，这种文化和情感认同使许多过路人成为谭木匠的客户，甚至成为回头客。演绎独具特色的文化理念，突出鲜明的个性，往往能使品牌获得消费者情感上的认同，进而形成品牌的魅力和价值。谭木匠依靠传统木梳行业的底蕴，提炼出"我善治木""好木沉香"的理念，将中国古典文化和人性情感注入到了产品中，以独特的文化品位和高品质的木梳塑造高端品牌形象。

图 3-13 谭木匠品牌及产品

### (六) 做好品牌延伸

消费者不会频繁购买或是没有足够经济实力购买一些豪车品牌或是奢侈品品牌,但如果这些品牌已经在消费者心目中建立了非常强的差异化的品牌识别特征,这些特征又被成功地移植到品牌衍生品上时,通过购买延伸产品,消费者可以体验纯正的品牌文化。

例如,喜爱宝马品牌的消费者可能只购买一辆宝马轿车,但他还可以购买宝马摩托车、宝马箱包及服饰,从而使顾客的流动由品牌间的转移变为品牌内的转移,使消费者从多个角度长期积累对这一品牌的认同和偏好,从而使品牌的无形资产不断增长。

## 任务三 品牌个性塑造

### 思考案例

#### "绝对"品牌的个性

"绝对"品牌拥有一个多世纪的历史。绝对以其智慧和幽默组成的独特的品牌个性,激发了目标受众群体强烈的情感联系。"绝对"的品牌个性代表着智慧、智力、积极和宽容。该企业通过"在一个绝对的世界"的营销视角,传递品牌个性,企业采用的广告如下:

在一个绝对的世界里,铜臭将给拥抱让路;

在一个绝对的世界里,所有的冲突将让位于和平;

在一个绝对的世界里,轮椅不再困住脚步;

在一个绝对的世界里,黑夜囚不住月亮的光芒。

品牌个性是品牌表现在外的综合性特质,表露品牌定位性情的一张脸谱(Upshaw,2000)。品牌个性让品牌变得有生命,成为顾客与潜在购买者和品牌建立情感的基础,品牌表现的吸引力与情感连结令买卖双方的关系更加牢固。品牌个性可以突出品牌最独特的一点。在一些品牌定位较为单薄的产业里,品牌个性让品牌拓宽新的战场,将品牌延伸至消费者的思维里。如,在竞争程度几近疯狂的软饮料市场里,七喜的"非可乐"使其保持常胜。

### 扩展阅读

#### 个人化消费模式成主流

在过去的一个世纪里,两次世界大战令全球经济疲软不堪,之后资本家发现以规模经营生产出来的产品能使利润达到最大化,且最能迎合广大消费者对价廉物美消费品的需求。上世纪50年代,美国福特汽车的规模生产,使普通大众也能晋身为有车一族,也使福特汽车成为规模经济的佼佼者。从此,批量生产的成品几乎取代昔日为客户个别定制的手工艺品。但踏入80年代后,世界各地经济大多欣欣向荣,生当其时的"90后"青年,又在互联网科技下接受教育,有较高的生活水平,有更多智能通讯工具可供选择,他们因而不但懂得联合同辈极力争取消费者的最大权益,而且在消费需求上有更强烈的个人意愿,例如通讯要选择个人熟悉的社交网络平台,电子产品要能符合个人需求的设定,甚至连商品广告也要有贴心的选择。

资料来源:周博裕,李钧陶.未来经济新时代[J].中国台北:天窗出版社有限公司,2015.

## 一、品牌个性要素

一项关于"品牌个性尺度(brand personality scale,BPS)"的研究发展与测试,调查了1 000位美国受访者,60个具有明显个性的品牌和114项个性特征。结果表明,一个独特的品牌个性可以提供强而有力的选购理由,尤其是当自己与竞争产品或服务的差距十分接近的时候(Aaker,1995)。

五大品牌个性要素分别为:真诚、兴奋、胜任、典雅、粗犷(丁瑞华,2011)。每个个性特征又可以细分为不同的层面,如表3-1所示。

表3-1 品牌个性要素分析

| 个性要素 | 细分层面 | 内涵说明 | 品牌代表 |
|---|---|---|---|
| 真诚 | 淳朴的 | 家庭为重的、小镇的、循规蹈矩的、蓝领的、美国的 | 凯贝尔<br>贺曼<br>柯达 |
| | 诚实的 | 诚心的、真实的、道德的、有思想的、沉稳的 | |
| | 有益的 | 新颖的、诚恳的、永不衰老的、传统的、旧时尚的 | |
| | 愉悦的 | 感情的、友善的、温暖的、快乐的 | |
| 兴奋 | 大胆的 | 极时髦的、刺激的、不规则的、煽动性的 | 保时捷<br>Absolute<br>贝纳通 |
| | 有朝气的 | 酷酷的、年轻的、活力充沛的、外向的、冒险的 | |
| | 富有想象力的 | 独特的、风趣的、令人惊讶的、有鉴赏力的、好玩的 | |
| | 最新的 | 独立的、现代的、创新的、积极的 | |
| 胜任 | 可信赖的 | 勤奋的、安全的、有效率的、可靠的、小心的 | 美国运通<br>CNN<br>IBM |
| | 聪明的 | 技术的、团体的、严肃的 | |
| | 成功的 | 领导者的、有信心的、有影响力的 | |
| 典雅 | 上层阶段的 | 有魅力的、好看的、自负的、世故的 | 凌志<br>梅赛德斯 |
| | 迷人的 | 女性的、流畅的、性感的、高尚的 | |
| 粗犷 | 户外的 | 男子气概的、西部的、活跃的、运动的 | 李维斯<br>万宝路 |
| | 强韧的 | 粗犷的、强壮的、不愚蠢的 | |

> 扩展阅读

品牌个性与品牌定位

1. 品牌定位是确立品牌个性的必要条件,品牌个性必须通过企业品牌定位来表现。
2. 企业品牌个性就是要在企业品牌定位的基础上创造人格化、个性化的品牌形象。
3. 品牌个性并不完全决定于品牌定位。即使是相同定位的企业品牌在消费者的眼里也会呈现出不同的个性特征。

## 二、品牌个性形态

Macrae(1991)在《世界级品牌》一书中,将品牌个性划分为六种形态:

（一）仪式型

把品牌与特殊场合连结,使品牌成为一种经验。如,粽子与端午节、月饼与中秋节的连结。

（二）标志

以形象为主的品牌,其标志通常有某种附加价值,例如路易威登（LV）、香奈儿（CHANEL）等品牌标志,好像产品本身已经不重要了。

（三）好的继承

第一个以某种特性为诉求的品牌,通常可将自己定位成这个产品类的先驱。如,可口可乐是"真实"的饮料,美体小铺是关心环境的卫浴用品。

（四）冷冷的傲气

可让消费者认为与众不同的品牌,通常是特别设计的,如法拉利跑车（Ferrari）。

> 小案例

No.5是Chanel的第一瓶香水,在1921年推出的CHANEL No.5是第一款合成花香调香水,灵感来自花束,融合了奢华与优雅,且表现出女性的勇敢与大胆,完全打破了当时香水的传统精神。香奈儿女士崇尚简洁之美,她希望以简单而不花俏的设计为最初诞生的香水作包装——长方体附以俐落线条的香水瓶,Chanel No.5的黑色字眼呈现于白底上。

（五）归属感

让消费者感觉可以融入他所向往的族群里,如李维斯牛仔裤是年轻不拘形式的象征。

> 小案例

百威把目标消费者锁定在25~35岁的日本男性,他们的消费个性是:最有购买力,有更多时间去追求自己喜爱的事物,新奇而又昂贵的产品很能吸引他们,他们有自己的文字、表达方式和独特的语言,对运动与时装非常有兴趣,喜爱多姿多彩的休闲活动,往往是市场舆论的制造者和领袖,啤酒是他们最喜爱的酒。这个对象的设定与百威啤酒原本就具有的"年轻人的"和"酒味清淡"的形象十分吻合。

（六）传统

有真正的历史渊源,而且几乎变成神话的品牌,如天伯伦（Timberland）休闲鞋（以印第安土著平底鞋的手法制造）。

### 小案例

李维·斯特劳斯（Levi Strauss）1847年从德国移民至美国纽约。1853年,这个做帆布生意的犹太人趁着加州淘金热前往旧金山。他把一批滞销的帆布做成几百条裤子,拿到淘金工地上推销,想不到竟然大受淘金者们的欢迎。1855年,斯特劳斯放弃帆布,改用一种结实耐磨的靛蓝色粗斜纹布制作工装裤,并用铜钉加固裤袋和缝口。斯特劳斯用自己的名字Levi's作为产品品牌,并在旧金山开了第一家店。第二次世界大战后,Levi's牛仔裤开始在全球流行。Levi's作为牛仔裤的"鼻祖",象征着美国西部拓荒精神。

## 三、品牌个性的因素

（一）与产品有关的特性

1. 产品类别：例如银行或保险公司会倾向定位成典型的"银行家"个性,如胜任的、严肃的、男性的、成熟的和上层阶级的。锐步（Reebok）则偏向野性的、户外的、冒险的、年轻的和活力充沛的。

2. 包装：美体小铺（Body Shop）的品牌个性以真诚为主,使用天然原料制造产品,所有包装瓶和包装盒都可以回收再使用。

3. 价格：像劳力士这种高价位品牌可能被认为是富有的、风格化的,使消费者在个人自我评价方面做出高人一等的姿态。

4. 属性：像慧俪轻体（Weight Watchers）被赋予一个苗条的、活跃的个性,顾客将更容易记忆,并且相信其具有低卡路里、控制体重的属性。

### 小案例

#### 越野路虎的品牌个性

越野路虎的理性特质有：4×4；古朴；稳健；个性化的设计。路虎公司觉得上述特质还不够吸引人,还应该在路虎品牌的产品中引入一些情感特征,品牌才更有价值。所以,在上述

特色的基础上,公司又增加了品牌的情感价值:

个性——相对于其个性化的设计;

原创性——承袭了古朴、古典的内涵;

胆识和魄力——相对其稳健的特性;

至尊的优越感——相对于四轮驱动系统的性能。

同时,路虎公司还根据其目标消费群的特点增加了一些特性:探险中的刺激;对自由的执着。这些个性使路虎品牌更加鲜明,显示出它与众不同的魅力。

(二)与产品无关的特性

1. 使用者形象:以典型使用者或理想化的使用者为基础形成品牌个性,如奔驰汽车流露的上层社会的个性,而UNIQLO则代表了年轻时尚的个性。

**小案例**

### 佳能的个性定位

成功的定位让产品具有竞争力及建立独有的形象。Canon代表"专业及高质素",而其六个品牌有各自的品牌个性,详见表3-2。

表3-2 佳能产品个性定位

| 产品分类 | 产品 | 特性 | 使用者 |
| --- | --- | --- | --- |
| Pro | EOS-1DX | 专业旗舰级、全幅、EOS数码单镜反光相机,影像质素高及拍摄速度与表现最佳 | 专业用家 |
| Full Frame | EOS-5DMarkⅢ<br>EOS-6D | 半专业级全片幅 | 用家面很广,包括专业摄影师 |
| Mid-Range | EOS-7D<br>EOS-60D | 影像质素高,操作较具弹性 | 适合专业用家 |
| Entry | EOS-700<br>DEOS-100<br>DEOS-600D | 属EOS入门机 | 入门级。EOS-700D更清晰定为新手爸妈及入门用家 |
| | EOS-M | 较轻便、可换镜头数目最多,客户层面最广 | |
| Prosumer | Powershot G | 不算轻巧但具多功能,销量高 | 影像发烧友,也包括未必有很多摄影知识的人士。近年女性客户超过4成 |
| | Powershot S | 某功能特强,为夜摄王 | |
| | Powershot SX40 | 某功能特强,为远摄王 | |
| Consumer Imaging product | IXUS轻便卡片型 | Fashionable 很多颜色选择,轻巧简单易用 | 大众化市场 |
| | LEGRIA摄像机 | 摄像机,以卡通做广告 | 有小朋友的家庭 |

资料来源:陈洁贞,林颖芝.新品牌学[M].香港:经济日报出版社,2013.

2. 赞助事件：如斯沃琪（Swatch）就很有计划地赞助世界杯花式溜冰、第一届国际霹雳舞冠军赛等活动，强化不规矩的、年轻的个性。

3. 符号：如苹果（Apple）缺了一个角的苹果使得苹果的品牌个性更加凸显。

4. 上市时间长短：一个品牌出现在市场时间长短对品牌个性也有一定的影响。如，苹果电脑比起 IBM，就较占有年轻的个性优势。

## 项目总结

每一个品牌只有找到合适的定位，找到自己的强项，才能有利可图。同时，有文化底蕴的品牌，才能历久常青；有个性的品牌，才能散发出独特魅力。通过本项目的学习，一方面掌握品牌定位的策略，另一方面掌握品牌文化及品牌个性的塑造。

### 一、简答题

1. 定位是什么？
2. 品牌定位是什么？
3. 品牌定位策略有哪些？
4. 品牌文化塑造的途径有哪些？
5. 请举例说明品牌个性要素是什么？
6. 请列举 5 个中国定位成功的品牌，并阐述其品牌定位策略。

### 二、表格填写

SK-Ⅱ化妆保养品，强调具有 pitera（一种酵素）肌肤保养的商品属性及特质，能够带给女性使用者美白、抗老化、紧致的好肌肤。

- 试利用定位的相关知识，完成下表的填写。

| 分析与评估项目 | 内　　容 |
| --- | --- |
| 1. 目标市场在哪 |  |
| 2. 竞争对手品牌目前现状 |  |
| 3. 差异化在哪及独特销售卖点何在 |  |
| 4. 商品属性及物质特点是什么 |  |
| 5. 最终带给消费者何种利益及价值 |  |

### 三、案例分析

**案例一：海洋公园应对竞争定位**

海洋公园于 1977 年 1 月 10 日开幕，是香港第一个以海洋动物为主题的乐园。为了迎战主要竞争对手迪士尼,海洋公园重新审视并理清本身的定位。相对迪士尼着重的是 fantansy(魔幻);海洋公园有的是真实的动物、自然环境,所以标榜的是"Education(教育)、Entertainment(娱乐)、Conservation(保育)"。

此外,相对迪士尼是来自海外的主题公园,海洋公园则强调它是一个属于本地(Local)的、香港人的主题公园——爱香港,爱海洋公园,聪明地将海洋公园与香港人血浓于水、无分彼此的深厚感情连结起来。

问题:运用所学知识分析香港海洋公园运用了哪些定位策略?

### 案例二:"万宝路"的再定位

20世纪20年代的美国,被称为"迷惘的时代"。经过第一次世界大战的冲击,许多青年都自认为受到了战争的创伤,并且认为只有拼命享乐才能将这种创伤冲淡。他们或在爵士乐的包围中尖声大叫,或沉浸在香烟的烟雾缭绕当中。无论男女,他(她)们嘴上都会异常悠闲雅致地衔着一支香烟。妇女们愈加注意起自己的红嘴,她们精心地化妆,与一个男人又一个男人"伤心欲绝"地谈恋爱;她们挑剔衣饰颜色,感慨红颜易老,时光匆匆。妇女是爱美的天使,社会的宠儿,她们抱怨白色的香烟嘴常沾染了她们的唇膏。于是"万宝路"出世了。"万宝路"这个名字也是针对当时的社会风气而定的。"MARLBORO"其实是"Man Always Remember Lovely Because Of Romantic Only"的缩写,意为"男人们总是忘不了女人的爱"。其广告口号是"像五月的天气一样温和"。用意在于争当女性烟民的"红颜知己"。

为了表示对女烟民关怀,莫里斯公司把"Marlboro"香烟的烟嘴染成红色,以期广大爱靓女士为这种无微不至的关怀所感动,从而打开销路。然而几个星期过去,几个月过去,几年过去了,莫里斯心中期待的销售热潮始终没有出现。热烈的期待不得不面对现实中尴尬的冷场。

"万宝路"从1924年问世,一直至20世纪50年代,始终默默无闻。它的温柔气质的广告形象似乎也未给广大淑女们留下多少利益的考虑,因为它缺乏以长远的经营、销售目标为引导的带有主动性的广告意识。莫里斯的广告口号"像五月的天气一样温和"显得过于文雅,而且是对妇女身上原有的脂粉气的附和,致使广大男性烟民对其望而却步。这样的一种广告定位虽然突出了自己的品牌个性,也提出了对某一类消费者(这里是妇女)特殊的偏爱,但却为其未来的发展设置了障碍,导致它的消费者范围难以扩大。女性对烟的嗜好远不及对服装的热情,而且一旦她们变成贤妻良母,她们并不鼓励自己的女儿抽烟!香烟是一种特殊商品,它必须形成坚固的消费群,重复消费的次数越多,消费群给制造商带来的销售收入就越大。而女性往往由于其爱美之心,担心过度抽烟会使牙变黄,面色受到影响,在抽烟时较男性烟民要节制得多。"万宝路"的命运在上述原因的作用下,也趋于黯淡。

在20世纪30年代,"万宝路"同其他消费品一起,度过由于经济危机带来的"大萧条岁月"。这时它的名字鲜为人知。第二次世界大战爆发以后,烟民数量上升,而且随着香烟过滤嘴出现,可以承诺消费者,过滤嘴可以使有害的尼古丁进入不了身体,烟民们可以放心大胆地抽自己喜欢的香烟。菲利普·莫里斯公司也忙着给"万宝路"配上过滤嘴,希望以此获得转机。然而令人失望的是,烟民对"万宝路"的反应始终很冷淡。

抱着心存不甘的心情,菲利普·莫里斯公司开始考虑重塑形象。公司派专人请利奥—伯内特广告公司为"万宝路"作广告策划,以期打出"万宝路"的名气销路。"让我们忘掉那个脂粉香艳的女子香烟,重新创造一个富有男子汉气慨的举世闻名的'万宝路'香烟!"——利奥—伯内特广告公司的创始人对一筹莫展的求援者说。一个崭新大胆的改造"万宝路"香烟形象的计划产生了。产品品质不变,包装采用当时首创的平开式盒盖技术,并将名称的标准字(MARLBORO)尖角化,使之更富有男性的刚强,并以红色作为外盒主要色彩。

广告的重大变化是:"'万宝路'的广告不再以妇女为主要对象,而是用硬铮铮的男子汉"。在广告中强调"万宝路"的男子气概,以吸引所有爱好追求这种气概的顾客。菲利普公司开始用马车夫、潜水员、农夫等做具有男子汉气概的广告男主角。但这个理想中的男子汉最后还是集中到美国牛仔这个形象上:一个目光深沉、皮肤粗糙、浑身散发着粗犷豪气的英雄男子汉,在广告中袖管高高卷起,露出多毛的手臂,手指总是夹着一支冉冉冒烟的"万宝路"香烟。这种洗尽女人脂粉味的广告于1954年问世,它给"万宝路"带来巨大的财富。仅1954—1955年间,"万宝路"销售量就较前一年提高了3倍,一跃成为全美第10大香烟品牌,1968年其市场占有率上升到全美同行第2位。

问题:结合案例提供的资料,运用所学的知识,分析"万宝路"香烟的成功秘诀。

# 项目四

# 品牌元素设计

引导案例

### 星巴克 logo 的变迁

Starbucks 的名字来自于《白鲸记》中爱喝咖啡的大副,可是谁想到的这个名字就少有人知道。

这要追述到 20 世纪 70 年代初期,那个卖咖啡豆子以及香料的 Starbucks。

Starbucks 的名字实在是让星巴克的元老(三位)很费心,Gordon Bowker 与他的创意伙伴艺术家 Terry Heckle 商量店名,他其实想要用"Pequod"这个名字,这个词来源于《白鲸记》中的那艘船。Terry Heckle 不同意这个意见,他想要的是一个与众不同而又可以同美国西北部有关系的店名,他选中了雷尼尔山附近矿工聚集地的名字"Starbo",又经过商量,Gerald Baldwin 重新把名字同他喜爱的《白鲸记》拉上关系,Starbuck 就是"Pequod"号上的爱喝咖啡的大副。

星巴克的标志颇具神秘色彩,据说名字定下后,Terry Heckle 开始研究其古老的海事书籍,后来找到了一幅 16 世纪斯堪的纳维亚(Scandinavia)的双尾美人鱼木雕(版画)图案,于是设计出了星巴克的标志,也就是美人鱼在中间,周围围绕着 STARBUCKS COFFEE TEA SPICES 的字样,据查,这个标志首次使用是在 1971 年的 3 月 29 日。

后来在 1986 年 11 月 18 日注册了仅有 STARBUCKS 字样的这个标志,美人鱼的样子基本上没有变化,1989 年 6 月 6 日所注册的商标(可能之前就已经在应用)有很大的改变,颜色换成了绿色,美人鱼依然是全身像,依然保留了肚脐眼儿,但脱离了版画的风格,而更像个标志了。

而后 1994 年 1 月 11 日星巴克公司完成了现在这个版本的标志注册。但并没有准确界定颜色,其实这个标志据说从 1992 年就已开始使用。后来又分别于 1995 年 12 月以及 1997 年 12 月进行了小的补充性的注册,前一次主要是明确界定了绿色,后一次在图案上有细微的改动,似乎仅涉及线条粗细。

从星巴克的标志演变上不难看出,美人鱼是越来越含蓄了,从一开始的袒胸露乳到后来的已经很难分辨出她的双尾的版本。而首次的大改动(94版)是将美人鱼的乳房用她的头发遮挡了起来。据说是源于顾客们的意见,他们觉得美人鱼的形象很具有攻击性,而且也有太多的"性"引诱的成分在里面。后面的更改都是在去除多余的元素,比如:去掉了感觉好像劈开的双腿般的鱼尾,那个姿势实在是太不雅观了,这也是现在的版本的最大进步。这个重要的改动据说是由 Quantum Graphics & Design 的 Micheal Parent 先生所为。

不过被显示一半的鱼尾(由三叉变成了两叉,像螃蟹夹子),经常会被误认为是美人鱼的手。据说连星巴克的员工都不知道那螃蟹夹子其实是尾巴。我想 Terry Heckle 先生之所以选定了美人鱼为标志,主要是取意为其吸引人的能力。现在,在西雅图 Pike's Place Market Starbucks 还保留着原来版本的 logo。

图 4-1 1971—1987,星巴克公司最早的 logo

图 4-2 1987—1992,一个能代表两个公司、两个时代的 logo

图 4-3 1992—now,更摩登更柔和的星巴克

## 知识目标

1. 掌握品牌常用的命名方法;
2. 了解名牌命名决策的过程;
3. 掌握品牌标志的类型;
4. 了解品牌标志的设计。

## 能力目标

能够为企业进行品牌名称及标志的设计。

## 任务分解

任务一：品牌名称设计
任务二：品牌标志设计

品牌形象(Brand Image)这个概念最早由营销专家莱维(Levy)于1955年提出。莱维提出的概念是从广义的角度出发的,莱维认为:品牌形象是存在于人们心里的关于品牌各要素的图像及概念的集合体,主要是品牌信息及人们对品牌的主要态度。

从狭义上说,品牌形象主要受视觉记忆和心理感知的影响,品牌形象是由视觉识别与联想两部分为主体构成的。由于消费者对品牌的认知80%是通过视觉得到的,所以品牌形象主要是指品牌视觉识别设计在消费者心目中累积的印象总和,品牌视觉识别设计构成了品牌形象的主体,是形成品牌形象的主要来源和重要依据。而品牌联想也主要是基于品牌视觉识别设计及宣传推广方式而产生的,它同时成为品牌形象的重要组成部分。

品牌名称、品牌标志作为品牌识别的门面,是品牌视觉识别体系构成的基本元素,可以直接向消费者传递品牌识别讯息,能强化消费者品牌知名度及有助于形成品牌强烈、有利与独特的联想。

## 任务一　品牌名称设计

### 思考案例

#### 索尼(SONY)公司品牌命名

索尼公司1946年创业之初曾名为"东京通信工业",但不怎么吸引人。创办人盛田绍夫与井深有感于RCA与AT&T这样的名字简短有力,决定将公司名改成由四五个英文字母拼成的

图4-4　SONY品牌

名字。这名字既要当成公司名称又要成为产品品牌的名称,所以一定要令人印象深刻。经过长期研究,盛田与井深觉得拉丁文SONUS("声音"之意)还不错,与公司产品性质相符合,他们将它改为Sonny,其中也有可爱之意。但是日本发音的Sonny的意思是"赔钱",为了要适合日本文化,把第二个"n"去掉,SONY的大名终于诞生。

资料来源:李艳.用好设计,创造成功.中国台北:上奇咨询股份有限公司,2014.

古语有云:"顾其名,思其意,必也正名乎! 名不正,则言不顺;言不顺,则事不成。"可见

名正言顺对人有多么的重要。产品和人很相像,有高低起伏的生命周期,更有人缘的好坏亲疏及运势高低,因而商品也需要有个相称甚至帮运的商品名称。

然而,命名并不简单,广告大师大卫·奥格威(David Ogilvy)曾经如此形容产品命名这件事——"要找一个还没被别人家公司登记的好名字,实在难如上青天……我曾为成打的新产品建议过无数的新名字,但一个也没被采用过,祝你好运!"

正因为命名并不简单,所以一定要掌握命名的原则、方法及步骤。

## 一、品牌命名原则

品牌名称是品牌的核心要素,它往往简洁地反映了产品的中心内容,使消费者产生关键的联想。品牌命名应该非常讲究,要具有独特性,并且立意隽秀、令人回味无穷;好的品牌名称和普通的品牌名称相比,单纯从字义上,要容易识别与记忆;理想的品牌名称应该做到记忆方便,对产品类别及特质、优点等具有准确的定位;有趣味,富有创造力,寓意持久,在法律和竞争中都能获得强有力的保护。

品牌命名一般遵循如下原则(见表4-1):

表4-1 品牌命名原则

| 序　　列 | 品牌命名原则 | 代表案例 |
| --- | --- | --- |
| 原则一 | 简洁有力,易于记忆 | 联想、李宁 |
| 原则二 | 通俗易懂,易于接受 | 太太乐、统一 |
| 原则三 | 朗朗上口,易于传播 | 哇哈哈、永久 |
| 原则四 | 富含寓意,联想丰富 | 红豆、七匹狼 |
| 原则五 | 揭示功能,激发好感 | 胃康灵、田七 |
| 原则六 | 注重文化,意蕴深厚 | 杜康、中国银行 |
| 原则七 | 反映属性,彰显特色 | 奔驰、宝洁 |
| 原则八 | 反映定位,形象生动 | 乔丹、农夫山泉 |

### 扩展阅读

#### Lexus 的由来

1986年10月,丰田美国销售公司、豪华车研发部门的高层举行了一场会议,讨论新车型命名事宜。要找出一个合适的名称,有如烫手山芋。它必须优雅,但又不能阴柔;要高贵,又不能娇气;要落落大方,又不能肆无忌惮。它必须独特而出众。

纽约的品牌管理公司 Lippincott & Margulies 编出一份清单,洋洋洒洒列了219个可能的命名。他们从原始清单中,挑选出最后10个。然后经过进一步的辩论,名单缩小到5个:Alexis、Calibre、Chaparel、Vectre 和 Verone。Alexis 是唯一受到在场人士一致认可的名称。但它最受非议之处,是听起来像个人名,而非车名,更糟的是,Alexis 是电视剧里一个疯婆娘的名字,意指声名狼藉。最后,美国丰田汽车销售公司专案经理、品牌管理公司的主要联系人约翰·法兰奇,根据 Alexis 漫不经心地写了一些名字,雷克萨斯因此诞生。法兰奇把 Alexis 的 A 涂掉,接着经过一番讨论,与会小组把 i 改成 u。最后的名字就是 Lexus。

## 二、品牌常用命名方法

当代品牌名称设计已形成一个国际化潮流,品牌的国际化除了具有品牌的共性——易读、易写、易识、易外,还注重品牌名字能通行世界各国,也就是说,对于品牌名称来说,最重要的功能是要最大限度传播品牌,要让目标消费者记得住、想得起所指代的品牌,只有这样的品牌名称才是成功的。品牌名称传播力的强弱取决于品牌名词语的组成和含义这两方面因素,两者相辅相成、缺一不可。

(一)用企业的名称作为品牌名称

采用公司名称同品牌名称一致的策略是一种最为常见的命名方法,有利于形成产品品牌、企业品牌相互促进,以达到有效提升企业形象的目的,其优点是花一笔宣传费可以同时宣传公司形象、树立品牌形象,反之,其缺点就是如果产品品牌受损会直接影响到公司的品牌形象。如苹果电脑、IBM、3M、菲利普电器、索尼电器、东芝、现代、惠普等知名品牌均是采用企业名称作为品牌名称。

(二)用产品的主要功能作为品牌名称

品牌名称应向消费者暗示产品的效用或品质,这种命名方法容易使消费者通过品牌对产品功效产生认同,通过使用后的功效加深对品牌的记忆,如泻痢停、健力宝从名称上直接体现出其表达的核心功能,娇爽、舒肤佳、百年润发通过品牌名称传递品牌具有满足特定效果需求的信息。

> **小案例**

"Sprite"饮料刚在中国香港上市时,考虑港澳地区人们喜欢吉利的常规心理,取谐音将其命名为"事必利",但是销售情况并不好,后改名为"雪碧",引发消费者关于"冰雪、碧玉、碧绿"之类的联想,给人清凉解渴之感,产品随之热销。

(三)用数字、字母或符号作为品牌名称

数字、字母和符号简明、易记,名牌名称既可以完全由数字组成,又可以由数字和文字联合组成,借用人们对数字、字母和符号的联想效应,增强品牌的特色,如 999 感冒灵、555 香烟、7-Eleven、欧米茄等。

图 4-5  "7-Eleven"便利店标志　　图 4-6  欧米茄标志

### 扩展阅读

"7-Eleven"是世界最大的零售商和便利店特许商，原属美国南方公司，2005 年成为日本公司，在北美和远东地区有 2.1 万家便利店。"7-Eleven"1946 年推出深受消费者欢迎的从早 7:00～晚 11:00 营业时间，尽管现在营业时间改为 24 小时，但保留了以前的品牌名称，目前已经成为世界品牌。

#### （四）用地名作为品牌名称

主要以产品的产地来命名，使消费者由从对地域的信任产生对产品的信任。产地或地名品牌多选择与品牌有地缘关系或受品牌拥有者推崇的山川、湖泊、河流、名胜等作为品牌名称，如青岛啤酒、富士、洋河、阳江十八子刀具等。

#### （五）用人名作为品牌名称

以名人、明星或企业首创人的名字作为品牌名称，也是一种常见的品牌命名方式。国外品牌常常采用以创始人姓名为品牌进行命名的方式，单就汽车行业而言，如"Lincoln（林肯）"之名取自美国总统林肯；"Mercedes（梅塞德斯）"则是以戴姆勒公司驻法国总进口商埃米尔·耶内克的女儿梅赛德斯命名；"Audi（奥迪）"是由发明人、工程师奥克斯特·霍希尔的拉丁名 AUDI 转译的车名。其他领域如戴尔 Dell、卡西欧 Casio、沃尔玛 Wsl－Mart 等大名鼎鼎的品牌都是以创始人姓名进行命名的。

### 扩展阅读

乔丹体育这些年发展顺风顺水，然而却遭受传奇人物飞人乔丹诉其侵权。原来乔丹体育既不是飞人乔丹下属的公司，也不是飞人乔丹授权成立的公司，甚至乔丹都没有代言过，而是一个地地道道的中国公司，其产品也和乔丹没有任何关联。乔丹体育取名"乔丹"从法律上没有错，其想借助名人效应快速成长的做法也无可厚非，乔丹体育错就错在欺骗了普通的消费者，错就错在没有尊重飞人乔丹的荣誉。

#### （六）用动物、植物和自然景观作为品牌名称

动物、植物的形象，自然亲切，容易使人产生美好的联想，提升品牌认知度。如小天鹅、捷豹、七匹狼、雕牌、鳄鱼等都是以动物命名的，动物名字也成为网站常采用的命名方式，如搜狐、雅虎

等,这样的命名使一个个没有生命的网站鲜活起来。植物常用来作为化妆品、纺织品、食品、药品、服装等的品牌名称,体现自然、清雅、美好的感觉,如玉兰油、春竹、红豆、田七等。需要注意的是,不同的地域、不同的民族对动植物有不同的喜好,因此在命名的时候要考虑到这些问题。

（七）用美好的寓意或传说作为品牌名称

神话传说是各个民族的宝贵财富,很多品牌名称来源于神话传说或是神话人物。日本汽车"马自达"是来自西亚神话中一种创造铁器、车辆的文明之神阿费拉·马自达。也有的品牌取名于美好的寓意,例如韩国车名"现代"寓意该产品富有现代意识;车名"大宇"在韩文中的意思为"空中的大屋",表示该车的神圣浩大;丰田公司的"赛利卡"车名,日文意思为晴朗的天空,表示驾驶的心情永远愉快。

（八）用象声词作为名牌名称

目前在西方发达国家,采用以读音取胜来创新词语而不注重实际文字含义是品牌命名的一个流行趋势,甚至一些企业大胆采用若干字母组成毫无意义的名字,只要这个名字发音响亮,没有令人讨厌的含义,就被认为是一个非常成功的名称,如"OMO（奥妙）""Pepsi（百事可乐）""Nikon（尼康）""Kodak（柯达）"等世界名牌都属于这一类型。

（九）品牌名称的中英文互译

当不少国际名牌进入中国市场时,会将本土品牌的洋名和洋品牌的中文名进行"音、意"的合理结合,如 Coca-Cola 可口可乐、Clean&Clear 可伶可俐等是音译的杰作,BMW 宝马、Carrefour 家乐福、Panten 潘婷等是音译和意译相结合的典范。这种结合既保留了原品牌名称的精华,又兼顾了中国消费者的文化、生活习惯和审美心理,表现出对中国文化内涵的深刻理解。

> **小案例**

联想集团起初的英文名字"Legend（传奇）"非常令人喜欢,它那句广告语"人类失去联想,世界将会怎样?"大气磅礴,令人印象深刻。但是当联想实施国际化策略时,"Legend"竟成为绊脚石。这是因为"Legend"在海外市场被注册得太多,涵盖电脑、食品、汽车各个领域。最终联想自创了一个单词"lenovo","le"取自原先的"Legend",承接"传奇"之意,"novo"是一个拉丁词根,代表着联想的核心是创新精神,代表"新意",整个单词寓意为"创新的联想"。伴随"lenovo"的推广,公司又提出新的品牌口号"只要你想"。

## 二、品牌命名的步骤

品牌命名一般经过以下步骤:

第一步,按照品牌要素、品牌构想,进行品牌名称调研和构思,考虑行业特色、品牌文化观、品牌的个性及市场角色,以及品牌关联度和品牌联想,拟定品牌命名方向。

第二步,根据品牌命名方向,创造出品牌名称和相关概念。

第三步,品牌名称筛选,得到一个操作性、适用性较强的品牌名称名录。

第四步,敲定最后的5~10个备选品牌命名方案,进一步开展品牌名称反馈意见调研,商标注册情况调研,并进行消费者测试。

第五步,根据备选品牌命名方案,设计品牌名称的呈现方式,即品牌名称的视觉形象设计,最终选取最佳设计方案。

第六步,基于以上所有信息,管理层确定最终品牌命名方案,并正式登记注册该名称。

### 扩展阅读

黄克炜(2004)设计出"命名印象调查问卷",如表4-2所示,以利于企业在进行新产品命名时,可进行评价,进而挑选出能够结合企业产品定位与广为消费者接受的新产品品牌名称。

表4-2 命名印象调查问卷

本产品为预定近期上市销售的××××××
本产品特色、优点为:
职业:
年龄:          性别:
请针对本产品的下列命名加以评价,并针对各个项目进行三阶段评价,将各个适当数字填入空格内。
1. 不太同意      2. 普通       3. 非常同意

| 命名案 | 易懂 | 好发能音 | 听起来感觉很好 | 好记 | 符合产品特性 | 能感受到功效 | 能安心使用 | 能带来好感 |
|---|---|---|---|---|---|---|---|---|
| AAA | 3 | 3 | 2 | 3 | 2 | 2 | 2 | 2 |
| BBB | 2 | 2 | 2 | 2 | 3 | 3 | 2 | 2 |
| CCC | 3 | 3 | 1 | 1 | 2 | 2 | 2 | 2 |
| DDD | 2 | 2 | 2 | 2 | 3 | 3 | 2 | 3 |
| EEE | 1 | 1 | 2 | 2 | 2 | 3 | 2 | 2 |
| FFF | 2 | 2 | 2 | 2 | 2 | 2 | 2 | 2 |

资料来源:黄克炜.品牌形象.中国台北:财团法人连得工商发展基金会,2004.

## 四、品牌命名的决策

品牌命名的决策是指企业决定所有的产品使用一个或几个品牌,还是不同产品分别使用不同的品牌。品牌命名的决策大致有以下四种模式:

### (一) 个别品牌名称

即企业决定每个产品使用不同的品牌。采用个别品牌名称,为每种产品寻求不同的市场定位,有利于增加销售额和对抗竞争对手;还可以分散风险,使企业的整个声誉不至于因某种产品表现不佳而受到影响。如,宝洁的洗衣品牌有汰渍、碧浪等。

### (二) 对所有产品使用共同的家族品牌名称

即企业的所有产品都使用同一种品牌。对于那些享有高声誉的著名企业,全部产品采用统一品牌名称策略可以充分利用其名牌效应,使企业所有产品畅销。同时企业宣传介绍新产品的费用开支也相对较低,有利于新产品进入市场。如美国通用电气公司的所有产品都用 GE 作为品牌名称。

### (三)各大类产品使用不同的家族品牌名称

企业使用这种策略,一般是为了区分不同大类的产品,一个产品大类下的产品再使用共同的家族品牌,以便在不同大类产品领域中树立各自的品牌形象。如,宝马(BMW)集团有两条汽车产品线,中大型轿车都使用 BMW,而迷你型汽车则使用 MINI 为品牌。

**小案例**

科龙集团对其所有的产品品类和品种进行命名。首先是多家族命名,即命名了 3 大(子)家族品牌:科龙、容声和华宝,形成多品牌战略;其次是在一个家族品牌旗下,向多品类延伸,如子家族品牌"科龙"从电冰箱品类向空调机、冷柜和小家电品类延伸,形成品牌延伸战略;第三是对同一延伸品类旗下的品种系列进行副品牌命名,如科龙冷柜(品类)的副品牌有冰灾星、强冷星和劲酷星(品种),科龙空调(品类)的副品牌有双效王和节能(品种);第四是对同一品种旗下不同性能、款式、型导、规格等产品命名副品牌,如节能旗下又有精灵和先锋两个副品牌,而精灵旗下还有 N13 和 M11 两个副品牌。

### (四)个别品牌名称与企业名称并用

企业决定其不同类别的产品分别采取不同的品牌名称,且在品牌名称之前都加上企业的名称。企业多把此种策略用于新产品的开发。在新产品的品牌名称上加上企业名称,可以使新产品享受企业的声誉,而采用不同的品牌名称,又可以使各种新产品显示出不同的特色。如,康师傅矿泉水、康师傅方便面等。

## 任务二 品牌标志设计

**思考案例**

### 新稀宝企业标识

新稀宝企业标识由蓝色的新稀宝的首位拼音缩写、绿色的圆形以及呈十字形排列的四叶草组成(见图 4-7)。

蓝与绿组合:天然、健康与关注生命。蓝与绿,具有强烈的视觉冲击效果,其中蓝色能给人沉稳、理性、成功的感觉,代表着高科技与理想的深刻寓意,彰显了山东新稀宝股份是一个稳健发展中的高新技术企业。绿色代表健康、积极向上,彰显了山东新稀宝传播健康文化、致力于健康事业的

图 4-7 新稀宝企业标识

精神。

正与圆：正气、和谐与追求圆润。新稀宝首位拼音缩写字形方正，代表了稳健、厚道、正气。圆在中华民族文化的传统积淀中，是一个非常重要的文化审美观念，代表着包容一切、圆满、和谐的深刻寓意。正与圆彰显了山东新稀宝股份坚持稳健发展中不断创新，为创建合谐文化、成就百年大业不断前行。

呈十字形排列的四叶草：四叶草在花语中代表幸福，传说是由夏娃从伊甸园带至人间，一叶草代表希望，二叶草代表付出，三叶草代表爱。但三叶草表示即使你付出了，希望了，爱了，也不一定会找到幸福，只有找到稀有的四叶草才能拥有真正的幸福。四叶草彰显了山东新稀宝股份致力健康产品，提高全民幸福指数的信心和决心。

整个标识结构简洁明快、线条流畅、构思巧妙、寓意深刻，沉稳中充满活力，给人以强劲的动力。

## 一、品牌标志内涵及作用

标志，也称为Logo，Logo是希腊语"Logos"的变化。标志是一种具有象征性的大众传播符号，以精炼的形象表达一定的含义，并借助人们的符合识别、联想等思维能力，传达特定的资讯。对于消费者而言，标志符号不仅承载着识别与沟通的功能，还象征着品牌的声誉与承诺。

品牌标志的作用主要表现在以下三个方面。

第一，引发消费者的品牌联想，尤其是使消费者产生有关产品属性的联想。例如，康师傅方便面的胖厨师使人联想到厨房里的活色生香和煎炒烹炸，增进食欲（见图4-8）。

第二，引起消费者的兴趣，使消费者产生喜爱的感觉。例如，Hello Kitty歪带蝴蝶结的无嘴猫（见图4-9），标志形象可爱、易读易记，容易使消费者产生好感。

第三，帮助公众识别品牌，标志往往比名称更能发挥识别作用。例如，在车流汹涌的马路上，很容易通过各种车标识别汽车，在商品琳琅满目的货架上找到了鸟巢和两只小鸟就找到了雀巢咖啡（见图4-10）。

图4-8　康师傅标志

图4-9　Hello Kitty标志

图4-10　雀巢咖啡标志

> 扩展阅读

### 商标设计的法律要求

1. 商标的构成

各国法律对商标构成的规定不尽相同。

如独联体国家规定,商标构成要素可以是文字、图形、立体及其组合或其他各种形式。

美国商标法规定,任何文学、符号或标志,或者这类事物的组合都可以作为商标的构成要素。

目前,国际上有少数国家把包装和容器的特殊式样也列为商标的构成要素,允许注册。

由于商标竞争越来越激烈,国外一些厂家在商标设计上千方百计地标新立异,招徕顾客,他们推出了气味商标、音响商标、电子数据商标、传输商标等等,有的国家如罗马尼亚的商标法已规定颜色、产品形状或其包装、音响等都可作为法定的商标构成要素。但绝大多数国家尚未对上述形式的商标实行法律保护。

中国商标法规定,商标应当由文字、图形、字母、数字、三维标志和颜色组合,以及上述要素的组合构成,均可以作为商标申请注册。

2. 商标的显著特征

商标所具有的独特性或可识别性就是显著特征,无论是文字、图形,还是文字、图形的组合,都要立意新颖、独具风格,具有足以与其他同类商标相区别的特点。

3. 商标的颜色

商标的颜色对于商标来说具有不可忽视的意义。颜色不是商标的法定构成要素,一般不能独立作为商标构成的要素。但是颜色是商标整体的一部分,是一种商标区别于他种商标的重要标志之一。

商标在注册后如需变更颜色,则视为变更商标图形,必须重新申请注册。

由于商标色彩对提高广告宣传效率有重要意义,许多驰名商标在注册时对颜色都作了指定。

4. 商标的文字、图形

一些文字、图形是被禁止用作商标的,各国在禁用商标方面有不同的规定,应注意其差别性。

由于各国风土人情、社会文化背景不同,有些在一国常用或为消费者所喜爱的商标,在另一些国家就未必适宜使用。在商标设计方面,似乎已形成一种国际规范,即在选择商标的文字、图形和色彩时,避免采用销售国禁用的或消费者忌讳的东西。

5. 商标的名称

许多国家禁用地理名称作为商标,因为地理名称往往被认为缺乏显著特征。

6. 商标的版权保护

商标的保护包括对具有财产意义的商标权利的保护和与特定的人的身份密切联系着的

商标权利的保护,商标的版权保护即属人身权的保护。

资料来源:北标知识产权 http://www.beibiaogroup.net/sbsj/45.html

## 二、品牌标志的形式

品牌标志的形式主要可分为图形型标志、文字型标志及综合型标志三种类型。

(一)图形型标志

图形型标志是用各种手法处理过的抽象图形、具象图形来表示的标志。它将品牌的内涵性因素以图形化的语言表现出来,具有生动形象、便于传达、易于识别记忆的特点。抽象图形标志是用高度提炼、简化的图形或几何形态来表达品牌的意义或概念,用夸张、变形的手法表达品牌的理念和特质,它具有设计自由度大、信息容量大以及个性化特征突出的特点,是现代流行的设计形式。

**小案例**

壳牌石油的英文名称"Shell"有一个寓意是"蚌壳",因此,标志设计运用的是谐音和隐喻的方法,画上一副贝壳图,就成了一枚天衣无缝的Logo。图案上的红色代表能源所造成的热烈氛围,而黄色底子则象征能源所带来的普照光明。设计者更把贝壳的扇形画成辐射的太阳光线,平添了Shell能源产品无边无界、穿透万物的意向(见图4-11)。

图4-11　壳牌石油标志

(二)文字型标志

文字型标志也是一种常用的表现手法,具有可读性强的特点,往往能直接传达品牌的相关信息,在设计中尤其强调字体的独特和专有性。文字型标志通常有两种形式,一种是词或词组构成的,它具有表意性强、便于朗读记忆的特点;另一种为词首字母或汉语的第一个拼音字母构成的,具有形式简洁、便于记忆的特点。由于文字型标志简明直接的特点,可口可乐 Coca-cola、戴尔 Dell、西门子 Siemens、佳能 Canon 以及联想、美的等,都采用这种形式。

图4-12　佳能公司标志图　　　　图4-13　夏普公司标志

(三)综合型标志

综合型标志是文字标志与图形标志优势互补的产物,由于集合了视觉传播和听觉传播两者的优势,因此它具有表意明确、内涵丰富、便于识别、易于记忆的优势,在现代品牌标志设计中被广泛采用。如宝马的标志为蓝白相间的螺旋桨图案，BMW 是巴伐利亚汽车制造厂的意思(见图 4-14)。劳力士最初的标志为一只伸开五指的手掌，它表示该品牌的手表完全是靠手工精雕细琢的，但后来逐渐演变为皇冠的注册商标，用来表示其在手表领域中的霸主地位和帝王之气(见图 4-15)。

图 4-14 宝马品牌标志

图 4-15 劳力士品牌标志

**小案例**

乐百氏的标志由方块汉字"乐百氏"与流线型英文"ROBUST"组合设计而成(见图 4-16)，简洁而和谐，紧凑而富有节奏感，线型的流畅与造型的突破透出浓郁的现代感，融东方传统文化与西方现代设计于一体，生动形象地传递出乐百氏的文化理念——乐、百、氏三字连体设计既表达企业将健康、欢乐与大众紧密相连，亦传输了乐百氏与大众共存共荣、共创健康生活的信念

图 4-16 乐百氏品牌

与理想。标志中方块汉字"乐百氏"以方指地而寓实，表达乐百氏踏踏实实的作风；圆线体"ROBUST"以圆指天而寓变，表达乐百氏永不满足的创新精神；标志的方、圆结合指合乎规矩，寓含继承传统与遵循规范之意；"S"的出位设计则透射出现代设计气息，亦是突破的再现。置身于现代社会的乐百氏深信，中华民族的优良传统是我们取之不尽的精神宝库，只有尊重和继承传统才能真正实现超越而傲立现代社会的潮头，只有在规范中追求突破才能在日新月异的世界中立于不败。"T"横笔向右的"无限"延伸之势既让标志不失平稳，又输出乐百氏稳健发展与永续经营的思想，留下无穷的想象、发挥和创造空间。标志的标准色红与绿象征健康、活力、热情、生命与希望。

## 二、品牌标志设计的法则

消费者对品牌的第一印象通常来自于标志，品牌标志就是品牌的眼睛，有图腾般的作用。汉代李延年在其所写的乐府诗《北方有佳人》中用这样的诗句来形容美人的眼睛："一顾倾人城,再顾倾人国。"优秀的品牌标志就应该有这样的效果。世界上大多数杰出的品牌标志的设计都是巧夺匠心、鬼斧神工,或者说杰出的图形设计有助于品牌成为经典,它能使消费者顶礼膜拜,能使品牌历久弥新,从而成为品牌极为重要的资产。

（一）品牌标志设计要遵循美的法则

作为一种有形的存在,标志首先是一种图案,图案的美来源有二,一是形式美,一是寓意美;作为一个企业或者品牌的代表,标志是一种视觉艺术,要符合美学原理,符合人们的审美情趣;作为品牌精神的载体,还要融汇品牌的精、气、神,传达品牌的价值观。

**小案例**

可口可乐标志是标志设计的经典之作（见图4-17）,"Coca-Cola"的字体优美流畅、意态跃动、布局起伏,整个标志构图生动、形象、亲和、直观,具有强烈的吸睛效果。可口可乐的总裁宣称：即使可口可乐全世界所有的工厂在一夜

图4-17　可口可乐标志

之间被烧为灰烬,第二天就会有排着长队的银行家等着贷款给他们,因为在全世界消费者心中"Coca-Cola"这红白相间的设计和流线型字体已成为可口可乐的象征。由此可见,这个标志强大的号召力和影响力。

**小案例**

对"60后"而言,"永久"牌自行车可以说是家喻户晓。"永久"牌自行车诞生于1949年年底。1957年,由著名画家、工艺美术大师张雪父设计了家喻户晓的"永久"牌标志,构思精准巧妙,将"永久"两个汉字变化组合成自行车的形态,形神俱备,直观明了,对"永久"品牌的传播推广起了很大的作用,堪称标志设计的经典（见图4-18）。随着时代的变迁,自行车日渐势弱,永久自行车于2010年推出全新品牌"永久C"（见图4-19）。"C"包含"中国(China)、经典(Classic)、都市(City)、多彩(Colorful)、自行车(Cycle)和文化(Culture)"诸多含义,目标消费群体定位为自由、独立、环保、热爱生活、百无禁忌的"轻客"。

图4-18　永久标志

图4-19　永久C标志

### (二）品牌标志要准确表达品牌的特性

标志设计一定要准确表达品牌特征，必须与它所代表的含义有所连接，体现产品的特性和品质，对标志功能性的要求应该高于对其创新性的要求。在开始考虑设计标志之前，要想想看谁要看这个标志，也就是这个标志所面对的人群，从而决定标志的布局、字体和图案。以摩托罗拉和麦当劳的标志进行对比，由于品牌名称开头都为大写的 M，所以标志设计均采用了"M"，但是由于摩托罗拉是高科技企业，所以 M 的线条外直内曲、顶部尖锐、棱角分明，构图严格对称，蕴含着一种秩序、尖锐、突破、让人产生尖端、高科技的感觉（见图 4-20）；而麦当劳的"M"线条柔和、顶部圆润、形态温软，让人看见就想起了黄澄澄、香气四溢的大汉堡，它代表着麦当劳的美味、干净、舒适，给人带来祥和、快乐的感觉（见图 4-21）。

图 4-20　摩托罗拉手机标志

图 4-12　麦当劳标志

**小案例**

#### 中国农业银行标志解读

中国农业银行现在使用的标志是于 1988 年 11 月 1 日启用的（见图 4-22）。中国农业银行标志图为圆形，由中国古钱和麦穗构成。古钱寓意货币、银行；麦穗寓意农业，它们构成农业银行的名称要素。整个图案成外圆内方，象征中国农业银行作为国有商业银行经营的规范化。麦穗中部构成一个"田"字，阴纹又明显地形成半角，直截了当地表达出农业银行的特征。麦穗芒刺指向上方，使外圆开口，给人以突破感，象征中国农业银行事

图 4-22　中国农业银行标志

业不断开拓前进。行徽标准色为绿色。绿色的心理特性是：自然、新鲜、平静、安逸、有保障、有安全感、信任、可靠、公平、理智、理想、纯朴，让人联想到自然、生命、生长；绿色是生命的本原色，象征生机、发展、永恒、稳健，表示农业银行诚信高效，寓意农业银行事业蓬勃发展。

### （三）品牌标志要有自己的个性

出于易于识别和记忆的要求，品牌标志必须具有区别于其他标志的差异化的个性特征。

通过富有创意的构思与新颖的表现形式,标志的形象才易于被受众注意和接受,品牌信息才能获得良好的传播效果,最终使这一视觉符号成为品牌的象征。

> **小案例**

保罗·兰德于1956年设计出了IBM蓝色标志,采用的是一种通常很少采用的、20世纪30年代的打字机字体,这种几何图案式的、一板一眼的、带衬线的粗重字形,稳健而又平静地传达着IBM希望展现的值得消费者信任和不可动摇的力量。1972年,保罗·兰德对标志进行了最后一次大的更新,也就是我们今天看到的条纹型标志,三个大写字母,每个都由8根平行的蓝条拼成,用来表示"速度与活力"(见图4-23)。

图4-23　IBM标志

### (四)品牌标志设计要繁简适度

中国有句成语,叫"画龙点睛"。标志如同品牌的眼睛,越是简单和纯粹,就越容易被辨识和记住,因此,标志要尽量简洁明了。所以,设计标志时要尽量做到以下几点:摒弃完全没有必要的元素;图案简单、外观平衡;字体最好不要超过两种;色彩最好不要超过3种;一般不要采用某些特色效果(例如阴影、反光、水纹、金属等);如果品牌的名称很容易记忆,就将品牌名称作为标志。

> **小案例**

耐克的对勾,可以说是最简单的标志之一,也是世界上认知度最高的标志之一。NIKE这个名字,在西方人眼里很是吉利,易读易记,很能叫得响。耐克鞋的标识是"Swoosh"(意为"嗖的一声",见图4-24),对勾造型简洁有力,让人一看就想到使用耐克体育用品后所产生的速度和爆发力。

图4-24　耐克Swoosh标志

(旧标志)　　　　　　　(新标志)

图4-25　联合利华新旧标志对比

在目前这个认为"简就是多"、"少就是美"的品牌设计趋势和潮流下,有一些企业则通过将标志设计进一步复杂化和精致化,从而更突出品牌丰富的内涵,提升品牌的层次。例如联合利华公司认为原有标志不足以体现公司的抱负,与产品形象也不相吻合,因此,在2004年9月采用新的公司标志,新标志更为艺术化,更强调天然、健康、美丽、快乐等寓意,更符合品牌的定位和产品的品类。

（五）品牌标志设计要选对色彩

"先色夺人"是设计师常说的,生活在五颜六色世界中的人们,对色彩的反应比对形状的反应更为敏锐和直接,情感更容易被色彩激发。在进行标志色彩设计时,首先色彩要尽量悦目不刺眼,同时避开暗黑沉闷的色彩;其次要使之符合行业特征,适应产品的特点。如绿色能传达清爽、理想、希望、生长的意向,符合服务、环境保护、纺织、卫生保健等

图4-26 约翰迪尔标志

行业的诉求,星巴克、路虎、HTC、约翰迪尔、安卓的标志均采用了绿色。以约翰迪尔公司为例,独特的绿色与黄色的小鹿搭配,使得它与竞争对手区别开来,独树一帜（见图4-26）。

**扩展阅读**

色彩的内涵如表4-3所示。

表4-3 色彩的基本内涵

| 色 彩 | 联 想 | 含 义 |
|---|---|---|
| 红色 | 太阳、鲜血 | 热烈、刺激、活力、激动、温暖 |
| 黑色 | 黑夜 | 寂静、庄重、深沉、肃穆、恐怖 |
| 白色 | 雪 | 单纯、洁白无暇、干净 |
| 黄色 | 稻谷、黄金 | 权威、希望、快乐 |
| 青色 | 湖泊 | 凉爽、恬静 |
| 灰色 | 雾 | 平凡、温和、忧郁 |
| 兰色 | 海洋、天空 | 广阔、远大、未来 |
| 绿色 | 大自然 | 自然、生命、健康、和平 |

（六）品牌标志设计要适合传播

传播是标志设计的重要目的,因此标志应该可以适用于不同的载体和媒介,除了适应商品包装及装潢外,还要适合电视传播、霓虹灯装饰、建筑物及交通工具等,并且与各种工艺制作及有关材料相匹配,包括各种压印、模印、丝网印和彩印等,在任何使用条件下确保其清晰可辨。

（七）品牌标志设计要保持一定的规范性

对确定下来的标志要加以规格化、标准化管理,以便在运用过程中能够实现规范化作

业,从而确保品牌视觉识别系统的一致性。在标志的设计中,除了正常尺寸外,放大和缩小都要严格按照一定的规范。其他如标志的组合、色彩、字体的选用等都有严格的标准,其使用的场合也要有具体的规定。

**小案例**

全球性的公司 UPS 快递,为了保护公司标志的完整性及有效性,公司的《品牌使用手册》规范了 LOGO 在设计时的位置、大小、颜色及其他主要的视觉元素。

在图 4-27 中,规定了标志周围要留有多大空位。一般来说,这个空位的距离都是来自标志上的某一个尺寸,周围的距离大小至少必须与字体的 X 高度的距离一样。

图 4-27　UPS LOGO 比例规格　　　　图 4-28　UPS LOGO 最小尺寸规定

如果一个标志尺寸太小,它就不像一个标志了——看起来像斑点而已。为了避免这种后果发生,手册还规定这个标志的最小允许尺寸。图 4-28 中 UPS 将最小允许尺寸规定为 0.5 英寸。

该手册还详细规定在使用这个 LOGO 时,有哪些是不允许的,哪些是允许的。重点包括它的形状、颜色、位置等诸如此类的东西。而使用手册可以保证该 LOGO 在使用时能传达出一致的信息。

图 4-29 是各种不允许的操作示意图,具体说明如下:

A:不准在标志的轮廓添加任何颜色;B:不准改变标志的颜色;C:不准在标志上添加新的元素;D:不准改变标志的方向;E:不准对标志上的任何元素重新描绘;F:不准将标志上"盾牌"区域背景去掉;G:不准将标志作为其他图案或设计的元素;H:标志周围必

图 4-29　UPS 标志禁止使用情况

须按规定留有一定空间;I:不准将标志作为某个标题或文字中的其中一个元素;J:不准对标志添加其他视觉效果;K:不准对标志进行任何的裁剪;L:不准将标志在一种颜色下使用时将其放在图片或图案上。

（八）品牌标志设计要与时俱进

保持标志的规范性和一致性,从而能对受众形成强有力的、明确的刺激,但是基于市场的变化、目标受众价值取向的不断调整以及技术的不断进步,当标志所反映的内容或风格与时代节拍和品牌变革不再吻合时,标志也要进行相应的调整和更新。标志的调整与更新要注意保留标志的根本性特点,通过符合潮流性与时代感的表现手法的运用,使原标志焕发新的光彩。这样既能符合受众新的审美需求,又能充分利用品牌标识原有的识别与认知优势。

图 4-30　UPS 新旧标志的对比

如对比 UPS 新旧 LOGO(见图 4-30),很容易看出两点显著的变化:去掉了丝带捆扎的包裹图案;将二维设计转为三维设计,三维设计表达的寓意更为丰富,表示 UPS"资讯流、物流、资金流"三流合一。

### 扩展阅读

#### 李宁的标志转换评论

图 4-31　李宁新旧标志的对比

原标识整体向心,具有凝聚力和延续性,灵动、活泼、流畅,充满着朝气,让人奋进;"一切皆有可能",是多么具有正能量,让中国人为之振奋。与李宁在体育竞技场上的人格魅力相一致。

新标识明显显得呆板,缺乏灵性,并且出现分裂,团队内部出现问题,管理也出现问题。决策定位严重错位,没有珍惜原有的用户群体,定位年轻的"90 后",结果丢掉了原来一直支持和念旧的"70、80 年代",即中年消费群体。"一切皆有可能"不见了,换成了"LI-NING"。

资料来源:价值中国 http://www.chinavalue.net/General/Blog/2015－1－26/1154144.aspx

## （九）品牌标志设计要入境随俗

不同的国家、地区和民族，有不同的风土人情，对文字、图形、颜色有不同的偏好和禁忌，因此为出口商品的品牌设计标志，应注意入乡随俗，和各地的社会文化传统相适应，不要违背当地的风俗习惯和各国的宗教信仰，特别是各地的忌讳。国际市场上的品牌标志设计要符合市场国当地的行为规范，也要符合国际惯例，以便于向有关部门申请注册，取得标志专用权。

如，Google作为一家全球市场叱咤风云的搜索引擎，用充满了中国味道的标志让一个国家的人民感到了亲近（见图4-31）。

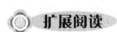

图4-31　Google中秋节标志

### 扩展阅读

**标志禁忌**

如瑞典的国旗为蓝色，该国禁用蓝色作为商标，如果用蓝色作商标就会被认为是对他们国家的不尊重，自然就难以获准注册；

阿拉伯国家禁忌黄色；

法国人认为黑桃是死人的象征，采用这一图形的商标将不能获准注册；

意大利人把菊花当作国花；

日本人把菊花视为皇家的象征，不接受以菊花的文字和图形作为注册商标；

而拉丁美洲国家则将菊花视为妖花，也不允许采用菊花图形的商标注册；

澳大利亚禁用兔的图形作商标；

西方国家禁用黑猫的图形作商标；

印度以及阿拉伯国家禁用猪的图形作商标；

伊斯兰教国家对违反伊斯兰教传统和教义的标志都不准用于商标；

使用英语和英属国家禁用大象的图形作商标，当地居民认为大象大而无用，因担心消费者不欢迎，这些国家的代销商不敢购进中国白象牌电池；

玫瑰花在印度和欧洲一些国家作为悼念品，不能作为商标；

非洲一些国家禁忌熊猫图形；

阿拉伯国家和信奉伊斯兰教的国家和地区不准以类似以色列国旗图案的六角形图案为商标的商品进口，雪花图形是六角形，也不能用作商标；

英国人用山羊比喻不正经的男子，中国出口的山羊牌闹钟肯定不受该国消费者欢迎；

化妆品芳芳的汉语拼音为Fang，在英语中它的意思为毒蛇牙或狼牙，使人感到不快；

在英语中，雄鸡（Cock）意味着下流，以雄鸡作为商标影响不佳；

三角形是国际上通用的警告性标志，捷克人以红三角为有毒的标记，而在土耳其绿三角表示免费的样品，这一图形也应慎用。

资料来源：北标知识产权 http://www.beibiaogroup.net/sbsj/45.html

## （十）标志的设计应符合法律法规

世界各国都有自己相关的法律与法规，标志设计必须符合商品销售与地区的法规要求，发达国家这方面法律、法规非常完善和规范。我们在国际市场上销售商品时，就必须认真研究当地的法律与规范，不能随心所欲，只片面追求工艺性和艺术性，应避免其所忌；要符合国际惯例，以便向有关部门申请注册，取得商标的专用权与合法的国际及国家的流通身份。

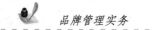

### 《中华人民共和国商标法》规定不得作为商标使用的标志

（一）同中华人民共和国的国家名称、国旗、国徽、国歌、军旗、军徽、军歌、勋章等相同或者近似的，以及同中央国家机关的名称、标志、所在地特定地点的名称或者标志性建筑物的名称、图形相同的；

（二）同外国的国家名称、国旗、国徽、军旗等相同或者近似的，但经该国政府同意的除外；

（三）同政府间国际组织的名称、旗帜、徽记等相同或者近似的，但经该组织同意或者不易误导公众的除外；

（四）与表明实施控制、予以保证的官方标志、检验印记相同或者近似的，但经授权的除外；

（五）同"红十字""红新月"的名称、标志相同或者近似的；

（六）带有民族歧视性的；

（七）带有欺骗性，容易使公众对商品的质量等特点或者产地产生误认的；

（八）有害于社会主义道德风尚或者有其他不良影响的。

在品牌形象构成中，品牌名称和品牌标志是最基本的元素。本项目通过对品牌命名原则、命名类型以及品牌标志的形式、设计的介绍，提升培养学生品牌名称及标志的设计能力。

### 一、简答题

1. 品牌命名的原则有哪些？
2. 品牌命名的方法有哪些？
3. 品牌命名的决策是什么？
4. 品牌标志的作用是什么？
5. 品牌标志的类型有哪些？

6. 品牌标志的设计法则有哪些？
7. 请列举5个中国成功品牌，评价其品牌命名及标志设计。

## 二、案例分析

### 案例一：图像的威力——肯德基

多年前，肯德基重新调整了品牌定位。原因是速食业的竞争日渐激烈，它必须吸引年轻族群。公司高层决定，让原始的上校形象淡出舞台。

首先，肯德基（Kentucky Fried Chicken）决定采用名称缩写，变成KFC，一是念起来顺口，二是顺应潮流，避开"油炸"的字眼。此外，公司也大举添购烹调设备，缩短烹调的时间。然而，饥肠辘辘的客人看不到厨房的景象，这些投资看不出明显效益。

终于，品牌团队盯上了公司创办人哈伦德·山德士上校，打算把他的头像缩小，印在纸桶上，旁边加上三个斜体大字，代表快速供餐。

这样的改变不可谓不大，但效果很差。客人觉得，既然上校不见了，炸鸡的味道也跟着走样。肯德基市场占有率节节下滑，营销部门展开市场调查，终于发现症结所在。改名为KFC没问题，市场能接受。重点是，要让人们觉得这是家里烹调的餐点，而非速食店。更改了之后，原本的家常味荡然无存。

还有，人们希望上校重返市场。上校是这个品牌的强力信号，象征一切美好的事物。在世人心目中，肯德基上校的知名度如同米老鼠。那张熟悉的脸孔，象征肯德基的优良传统和炸鸡秘方。换言之，上校是价值连城的品牌资产，当初把他拿掉简直是糊涂到家。

于是，品牌团队着手修改，强化上校的形象，衣着更正式，笑容更开朗。除了装炸鸡的桶子，肯德基也修改高速公路旁的广告招牌，让驾驶人大老远就看到上校，下了高速就来店里光顾。总之，上校是肯德基的精神领袖，更是最强效的品牌信号。

问题：根据案例提供的资料，结合所学的知识，分析为什么上校的图像会如此有威力？

### 案例二：泉水做面，健康养生

龙潭山泉养生面，1 300年以来以其独有的醇厚味美、严谨的养生工艺而享誉于世，其面百味凝集，汤色圆润香气浓郁。微尝一口柔润舒适，喉底回香，愉悦之情直达肺腑，引得众多热衷美食、追求健康的人士潜心寻觅。龙潭山泉面是至今存留工艺最为复杂繁琐的手工面之一，用料极为讲究，因做面所用之水为钱江源地区清澈甘美的龙潭山山泉，且兼有健胃清肺养五脏之功效，故名龙潭山泉养生面。

龙潭山泉面历经六朝1 300余年，唐朝起源，宋代时被太祖赵匡胤敕令为贡品，随后又因明相严嵩好其美味，被明世宗朱厚熜再列为贡品，赐名银丝贡面，隔朝断代后其罕见美味却总能因为机缘巧合被重新发现，这是极为罕见的！

龙潭山泉养生面的制作完整地保留了古代两大文明高峰唐宋二朝的美食养生工艺，其面味须以深山岩泉为基源，这是一个固守千年的老规矩。因为做面工艺繁杂且劳动强度大，龙潭山泉养生面一直无法实现机器生产，制面手艺也只能在言传身教中代代相传。其曾因工序过度繁杂加之市场闭塞而消失数年,目前已被列入地方非物质文化遗产……

浙江美润食品委托辉盛为旗下新品牌龙潭山泉养生面设计品牌形象及产品包装(见图4-32、4-33),并协助品牌在一系列推广攻势中创建基础识别。辉盛与客户一道深入研究了品牌背景优势,创建了独特而具有文化特色的识别体系,为品牌迅速打入目标市场确立了基础。

图4-32　龙潭山泉标志

图4-33　龙潭山泉宣传海报

要求:根据提供的龙潭山泉养生面的品牌形象设计方案,结合所学知识分析该设计方案。

# 项目五

# 品牌战略

引导案例

**娃哈哈品牌延伸之路的反思**

娃哈哈的成功很富于传奇色彩。1987年,娃哈哈创始人宗庆后带领两名退休教师,以14万元借款起家,开始了漫漫的创业之路。

娃哈哈公司前身是杭州市上城区校办企业的经销部,创业之初宗庆后靠两口大锅、三个罐子生产娃哈哈口服液,1990年凭借"喝了娃哈哈,吃饭就是香"的广告词,使娃哈哈一举成名,迅速走俏大江南北。

1991年在杭州市政府的支持下,娃哈哈公司兼并了杭州罐头食品厂,成立了杭州娃哈哈集团公司,并延伸推出了多种产品。1992年娃哈哈成功推出果奶;1995年,娃哈哈以"我的眼里只有你"的广告进军纯净水行业,并获成功;1998年娃哈哈非常可乐上市;2001年娃哈哈染指茶饮料……

目前娃哈哈已成为中国最大的食品饮料企业,旗下拥有纯净水、乳饮料、碳酸饮料、罐头食品、医药保健品等六大类三十多种产品,其中纯净水、乳饮料、八宝粥罐头多年来销量一直位居全国第一,娃哈哈连续多年成为中国饮料行业营业规模和利税的双料冠军,被誉为"中国饮料之王"。

娃哈哈的成长之路,就是一条品牌不断延伸,产品不断扩展之路,分析娃哈哈品牌延伸的得与失,会带给我们许多启示和借鉴。

**推出果奶,成功之举**

娃哈哈儿童营养液由于切中了儿童市场的空白点,并在强力广告的推广下,其销售额直线上升,1990年销量突破亿元,1991年更是增长到四个亿,娃哈哈迅速成为一个家喻户晓的儿童营养液品牌。

1992年,娃哈哈又推出针对儿童消费市场的第二个产品——果奶,从营养液向果奶的延伸是娃哈哈品牌延伸的第一步,也是成功的一步。

娃哈哈儿童营养液的产品诉求是"给小孩子开胃"的"营养饮品",而娃哈哈果奶目标消费群体仍聚焦于儿童,更突出"有营养"和"好味道",和儿童营养液基本处于一类诉求点,这次品牌延伸不存在和原来品牌利益的冲突,是稳健成功的。

### 突入纯净水,品牌变脸

娃哈哈经过营养液和果奶的发展和积累,实力逐渐雄厚,扩张欲望也日益强烈,1995年,娃哈哈决定延用"娃哈哈"品牌生产纯净水,突入成人饮料市场。

娃哈哈原本是一个儿童品牌,其目标消费群体是儿童,品牌形象也是童趣、可爱,娃哈哈推出纯净水可以说是娃哈哈品牌的一次变脸。娃哈哈纯净水"我的眼里只有你"、"爱你等于爱自己"等广告展示了其青春、活力、时尚的品牌形象,目标消费群体也改变为成人,一个儿童品牌如何能打动成人的心,娃哈哈面临很大的挑战。

出乎意料的是,娃哈哈不但没有倒下,反而发展壮大,1997年娃哈哈纯净水总销售额超过20亿元,2001年总销售额更是超过60亿元。而且,娃哈哈借助于纯净水的成功,确立了自己全国性强势饮料品牌的地位,变脸后的娃哈哈更有了海阔天空之感。

### 挑战"两乐",夹缝求生

娃哈哈在纯净水的胜利面前并没有止步,1998年,娃哈哈毅然推出了"非常可乐",杀入被可口可乐和百事可乐把持的碳酸饮料市场。

娃哈哈这次推出"非常可乐"没有单纯地进行品牌延伸,而是采用了较为稳妥的品牌延伸方法——隐性品牌策略,即使用"娃哈哈"和"非常可乐"两个联合品牌,使品牌延伸和联合品牌相互渗透,能同时提升两个品牌的影响力,类似于丰田在高档车上推出"凌志"品牌。

值得称道的是,娃哈哈采取了"农村包围城市"的战略,以二级市场、农村市场作为产品切入点,成功避开了被"两乐"牢牢盘踞的大中城市。

"非常可乐"在"两乐"夹缝中初期取得了小胜,2003年,"非常可乐"全年的销量超过60万吨,而同年百事可乐在中国的销量不过100万吨。同时,娃哈哈在"非常可乐"下又延伸出"非常甜橙"、"非常柠檬"等产品,挑战"两乐"旗下的"芬达"、"雪碧"、"七喜"和"美年达"。另外,娃哈哈还推出了"非常茶饮料",进军被统一、康师傅盘踞的茶饮料市场。

### 拓展童装,能否辉煌

2002年8月间,娃哈哈在业务上又进行了一次大胆的飞跃,开始进军童装行业,希望打造中国童装第一品牌。娃哈哈宣称他们的战略目标是2002年年底在全国开2 000家专卖店,计划年销售额10亿元,娃哈哈童装的运作方式是以OEM进行贴牌生产,委托专业童装设计单位完成设计,以零加盟费的方式完成专卖店的布局。

娃哈哈是否会辉煌依旧呢?

资料来源:市场部 http://www.shichangbu.com/2007/0816/6841.html

项目五 品牌战略

 知识目标

1. 了解多品牌战略的内涵及其作用；
2. 掌握多品牌战略的管理内容；
3. 了解家族品牌战略的内涵；
4. 掌握品牌延伸的内涵及其作用。

 能力目标

能够结合企业现状,为企业诊断是否能实行多品牌战略及品牌延伸战略,以及如何实行等。

 任务分解

任务一：多品牌战略
任务二：家族品牌战略
任务三：品牌延伸战略

品牌是存在于消费者心目中的一种资产,品牌战略就是在消费者心目中的一种投资策略,即一个消费者比较能接受、与产品结构(组合)有关的品牌投资和管理框架。简言之,品牌战略回答这样的问题：一家品牌企业为了实现品牌资产整体的最大化,应当建立多少品牌和副品牌？怎样建立多品牌和延伸品牌？

## 任务一 多品牌战略

### 思考案例

海信科龙电器对同一家电品类(如电冰箱或空调机)采用3个不同的品牌：海信、科龙和容声,并利用它们在品种、性能、质量档次、价格、渠道、目标使用者(市场)和市场定位等方面的差异化及互补效应,实现科龙电器整个品牌资产的最大化。请分析海信科龙电器所实施的品牌战略。

89

## 一、多品牌战略的定义

多品牌战略(Multibrands Strategy),是指品牌企业对相同或不同的品类命名不同的品牌,以便通过差异化品牌之间的互补效应实现企业品牌资产的最大化。

与多品牌战略相对应的是单一品牌战略(Integrated Brand Strategy),又称统一品牌战略或同一品牌战略,指企业成功推出一种品牌后,延伸至其他产品,生产的多种产品都使用统一品牌。

单一品牌战略的典型特征就是企业的所有产品都共享一个品牌名称、一种核心价值、一套基本品牌识别。

## 二、多品牌战略的种类

多品牌战略有两类:一类是市场多样化导向的多品牌战略,一类是产品多样化导向的多品牌战略。

(一)市场多样化导向的多品牌战略

这种品牌战略是对同一产品品类在不同的市场细分采用不同的品牌。品类较少的行业,如家电、汽车等,容易倾向于市场多样化导向的多品牌策略。

**小案例**

美国惠尔浦公司(Whirlpool)对其家电产品实行多品牌战略,有 5 个不同品牌:帮厨、惠尔浦、套马人、百姓家产和快速王。它们的目标市场、价格或渠道之间均有差异:帮厨家电的目标市场是追求生活格调的层次较高的消费者;惠尔浦家电的目标市场是借助家电更好地处理家务的人;套马人家电的定价特点是具有较高的性价比;百姓家产家电的渠道特点是在大型连锁店进行销售;快速王家电的目标市场是加拿大。

(二)产品多样化导向的多品牌战略

这种品牌战略是对同一企业的不同产品品类或同一品类的不同品种采用不同的品牌。这类多品牌战略的着眼点是产品品类或品种的差异,用不同的品牌代表不同品类或不同品种的产品。品类或品种较多的行业,如精细化工、药品、食品、服装等行业,容易倾向于产品多样化导向的多品牌策略。

**小案例**

1998 年,喜之郎集团推出了"水晶之恋"品牌果冻,以浪漫温馨和时尚的生活气息,成功将果冻这一传统观念里的儿童食品转变为青年男女传情达意的载体的休闲零食。1999年，喜之郎集团乘胜追击，推出喜之郎CICI，成为首个"可以吸的果冻"。这一创新的果冻产品，在果冻市场掀起轩然大波，彻底颠覆了国人对传统凝胶类果冻的固有认识，创造了果冻的新食用方式。2004年，喜之郎推出了"美好时光"海苔，开始了喜之郎集团多元化的战略之路。2007年，又推出"优乐美"奶茶，走出集团多元化的第二步。目前"美好时光"海苔及"优乐美"奶茶广受消费者喜爱且牢牢占据品类市场的领导地位，与"喜之郎"、"水晶之恋"、"CICI"等一起构建了喜之郎集团大产业化发展的品牌家族。

## 三、多品牌战略的作用

美国著名品牌学家凯文·莱恩·凯勒(Kevin Lane Keller)教授在其所著的《战略品牌管理》一书中将多品牌战略对企业的作用归结为以下8点：填补空白市场、保护主力品牌、保留金牛品牌、拉开差价、促进零售渠道、满足多样化需求、增强内部竞争、实现范围经济。

（一）填补空白市场

多品牌战略有利于填补品牌企业中的空白细分市场，由此增加市场覆盖率。单一品牌较难覆盖整个目标市场，因此会出现空白细分市场，而多品牌战略可以用增加新品牌的办法填补现有品牌尚未覆盖的空白细分市场或加强尚不具优势的细分市场。如，乐高为了占领儿童市场，推出不同的市场细分的产品，乐高是针对年轻的男女，Duplo针对三岁孩童，Belville适合六岁女孩，而Friends系列则抢攻女孩子市场。

**小案例**

2008年印度塔塔汽车公司宣布，以23亿美元的现金形式收购美国福特汽车公司旗下的捷豹和路虎两大豪华车品牌。长期以来，塔塔集团的产品是低价车的代名词，虽然在印度市场发展形势不错，但是在国际市场上，竞争力还远远不够。由于捷豹、路虎的产品研发被纳入了福特全球体系中，其平台、关键动力总成至今还掌握在福特集团手中，收购后，塔塔依然需要从福特购买。但是塔塔至少拥有了捷豹、路虎的设计团队，对提升其整车设计水平还是大有帮助的。此外，塔塔还拥有了将两大豪华品牌现有技术及车型转化为自有知识产权，并在此基础上进行技术升级的可能。

（二）保护主力品牌

多品牌战略有利于保护主力品牌。在市场竞争中，单一品牌多少显得势单力薄，尤其在对手处于优势的细分市场，单一品牌几乎只能放弃争夺。从竞争博弈的角度看，多品牌比较有利，因为多品牌可以达到"田忌赛马"的效果：用上马（主力品牌）对中马，用中马（次主力品牌）对下马，用下马（非主力品牌）对上马。这样，用非主力品牌与对手的主力品牌竞争，可以避开对手的强势和消耗对手的实力，用次主力品牌压住对手非主力品牌（不让它们与我方主力接触以免无谓地消耗我方主力的实力),从而保护主力品牌的优势,取得总体上的胜利。

> **小案例**

日本精工手表的多品牌战略意图:用不具有优势的 Lassale 品牌与劳力士等优势品牌在豪华表市场竞争,以牵制对手的主力;用次主力品牌 Pulsar 和 Lorus 与西铁城和 Swatch 等品牌在中档表和大众化表市场竞争,压住这些中低档品牌,以防止它们干扰精工主力,这样有效地保护精工的主力品牌 Seiko 在高档手表市场的相对优势。

### (三) 保留金牛品牌

多品牌战略有利于保留老的金牛品牌。单一品牌战略只有通过新老交替才能完成新品牌的创立,这就容易损失老品牌的金牛效应,即老品牌无需营销支持也能维持一定水平的赢利,而且老品牌的消费者不一定转向新品牌。而多品牌战略为保留老的金牛品牌及其忠实用户、维持赢利提供了可能。

> **小案例**

吉列刀片的市场大部分都采用新的品牌 Sensor,但老品牌 Trac II 和 Aka 仍然有人使用。由于新老品牌的技术背景差距较大,放弃老品牌并不能使这两个品牌的老用户转向新品牌。

### (四) 拉开差价

多品牌战略有利于拉开差价和发挥差价的吸引力。单一品牌较难在同一品牌下对不同的品种、款式、规格拉开差价,并用差价来吸引消费者。而多品牌战略为拉开差价提供了条件。在多品牌条件下,可以制定较大的品种差价、款式差价、规格差价、档次差价和性能差价等,并由此增强对消费者的吸引力。如,当丰田打算进入北美豪华车市场时,推出了 Lexus 这个品牌,因为"雷克萨斯"(Lexus)的读音与英文"豪华"(Luxury)一词相近,使人联想到该车是豪华轿车,最终 Lexus 成功打入北美、欧洲、亚洲、中东、拉丁美洲、非洲、大洋洲等地高级轿车市场。试想一下,如果当年丰田用原有品牌来生产高级轿车,能否取得如今的成功呢?

### (五) 促进零售渠道

多品牌战略有利于促进零售渠道。单一品牌较难增强零售商对品牌的依赖性,因为单一品牌在零售商可选择的供应商品牌中所占比重比较小或者很小,单一品牌面临较大的被零售商抛弃的风险。而且单一品牌能占领零售货架的空间也比较小。而多品牌能增强零售商对品牌的依赖性,因为多品牌能有效地提高某一供应商的品牌在零售商进货品牌中的比重。换言之,多品牌供应商具有对零售商的控制力,这是与单一品牌相比的一种垄断优势。而且多品牌供应商对零售商货架也有一定的垄断控制能力。

> **扩展阅读**

可口可乐公司拥有 20 个年销售额超过 10 亿美元的品牌,其中包括健怡可口可乐、芬达、雪碧、零度可口可乐、酷乐仕维他命获得、POWERADE、美汁源、Simply、乔雅、Dasani、FUZE TE 和 Del Valle 等。可口可乐为中国消费者提供超过 15 个品牌 50 多种口味的饮料选择,其系列产品在华的每天享用量达到 1.4 亿杯。在中国的零售超市的货架上几乎摆满了可口可乐的产品。

(六) 满足消费者多样化的需求

单一品牌无论怎么延伸,所包含的产品多样性总是有限的,因此,难以进一步满足消费者多样化的需求。当消费者进一步的需求难以满足时,就可能转向其他企业的品牌。而多品牌可以大大增加产品的多样化。每增加一个品牌,就增加一类个性,也就使与这类个性有关的消费者的需求可能得到满足。

> **小案例**

宝洁的洗衣剂就运用多品牌策略来满足消费者的多样化需求,占领不同的细分市场,如,汰渍(Tide)强调洗净能力;奇尔(Cheer)着重的是各种水温均适合;波德(Bold)是号称含有衣物柔软精的成分;达诗(Dash)则标榜是浓缩洗衣粉。

(七) 增强内部竞争

多品牌战略有利于形成和增强品牌企业的内部竞争。单一品牌缺乏内部竞争,因为单一品牌的企业内部一般实行统一集中管理,资源由企业进行统一配置,企业内部各部门、各分支机构缺乏独立的利益动力,而拥有独立的利益动力是它们之间开展竞争的充分和必要条件。多品牌企业的内部通常按不同的子家族品牌设立 SBU,即品牌部。品牌部具有相对独立性,拥有相对独立的利益动力(和风险责任),品牌部之间按外部市场的绩效配置资源和分配利益,这就能激励品牌部之间在市场绩效方面开展竞争。

> **扩展阅读**

宝洁公司说:最好的策略就是自己不断攻击自己,且同类产品的不同品牌之间适度竞争,能提高士气和工作效率,共同进步。对宝洁公司来说,与其让对手品牌向自己挑战,不如让自己的品牌向自己挑战,这样,无论谁获胜,都是宝洁的胜利。

(八) 实现范围经济

多品牌战略的作用,从经济学理论上讲,就是实现范围经济。范围经济,也称多产品经济,是指一家企业整合地生产多种产品的成本低于多家企业分别地生产多种产品的成本之和。范围经济产生的原因是:

整体效应：多产品整体生产的成本低于多产品分体生产的成本之和。

内部市场：多产品在企业内部形成合理配置资源的市场机制或竞争机制。

降低风险：多产品增加企业的决策主体，由此增加市场信息和理性决策的概率。

以多应变：多产品企业可以以多应变，增加利用发展机会和克服发展困难的可能性。

多品牌可以形成和增强内部竞争、降低企业的经营风险，还能使企业有更强的应变能力。比如，虽然某一品牌经营失误，但其余品牌经营成功，成功品牌带来的收益弥补失误品牌带来的损失，并适时调整品牌结构，以降低风险。因此，多品牌比之单一品牌（假定无品牌延伸）的最大优势就是可以充分实现企业整体的范围经济。

## 四、多品牌策略的管理

### （一）品牌整合

多品牌企业可以获得范围经济的效益，但多品牌的品牌数量（范围）不是越多越好。从理论上讲，当品牌增加产生的边际收益等于边际成本时，多品牌的品牌数量达到最佳。超过这个数量，多品牌的范围就不经济。因此，多品牌数量在增加到一定程度时需要加以控制和调整。这就是所谓的品牌整合。在此基础上筛除弱势品牌并将它们的产品（或业务）并入强势品牌，以实现企业整个品牌组合范围经济效益的最大化。

### （二）品牌旗帜

旗帜品牌就是企业的主打品牌，或主力品牌，是指在企业的多品牌组合中层次较高、发挥核心作用、企业重点进行营销投资的品牌。旗帜品牌一般有很高的知名度和良好的形象，延伸能力强，是企业的标志性品牌。旗帜品牌可以是单个或者就是企业名，如英特尔、耐克等公司；也可以是几个，也不一定是企业名，如吉列刀片的旗帜品牌有吉利、Sensor、Gel 和 Series 等，其中，吉利是企业名，其他都不是企业名。又如国内消费者熟知的博士文具用品是兰生集团的旗帜品牌，也不是企业名，但其在消费者心中的名气超过兰生集团。

**扩展阅读**

旗帜品牌有3个主要的来源：金牛品牌、明星品牌和新品牌。

（1）吉利公司的 Gillette 是企业名，也是主打品牌之一，原先是一个老的金牛品牌，但吉利公司将其重新定位后变成一个新的品牌。这个重新定位就是从"剃须刀"变为"男人的最佳选择"。老品牌重新定位的成功，使得 Gillette 保住了旗帜品牌的地位。现在已经成为一个领导生活方式潮流的国际品牌。

（2）明星品牌容易被树立为旗帜品牌或旗帜品牌的候补，因为明星品牌的知名度较高，处于上升时期，代表公司未来发展的方向。大企业发现和培育明星品牌很重要，大企业品牌多，要从中发现明星品牌是不容易的。

（3）新品牌除非有突破性表现，否则较难一下子被树立为旗帜品牌。吉列公司的 Sensor 之所以被树为旗帜品牌,就是依靠技术上的突破。

(三) 品牌合作

多品牌中不同品牌之间的合作和配合,可以起到优势互补和互相促进的作用。合作品牌已经成为西方跨国公司多品牌管理的一个新策略、新趋势。合作品牌有以下 5 种:

(1) 与供应商的品牌合作。如 Dell 电脑的品牌与其两个供应商的品牌 Intel 和 Windows 合作,一个提供关键硬件,一个提供关键软件。与名牌供应商的品牌合作,可以有效地增强用户对 Dell 的有利联想和提升 Dell 的形象。反过来,Intel 或 Windows 也等于利用 Dell 电脑及其品牌展示做了品牌广告,也从品牌合作中受益。

(2) 与公司的品牌合作。这又分两种:公司不同层次的品牌合作和公司同一层次的品牌合作。例如,雀巢公司的许多子品牌前面都加上"Nes"这个字头,如 Nescafe、Nestea 和 Nesquik 等,这就是不同层次即公司子品牌与公司品牌的合作。这样使雀巢在推出众多子品牌时,可以利用雀巢品牌的知名度和良好信誉带动子品牌的销售,同时也强化了雀巢品牌的市场地位。雀巢早已经进入全球十大最有价值的品牌行列。

(3) 与合资伙伴的品牌合作。如三洋科龙、一汽大众、北京松下、北京飞利浦、广州本田等。这个品牌合作非常普遍,因为品牌也是一种资产,合资行为本身可能就包括品牌合作在内。在中国市场,这种外资背景的合作品牌有很大的吸引力,因为这种合作品牌所明示的内容给消费者许多对品牌或产品的有利联想。

## 扩展阅读

### 合资品牌仍是车市宠儿

相对于本土品牌,合资品牌的汽车还是一直比较受消费者喜欢的,因为在消费者的心里,合资品牌代表着质量过硬。另一方面,则是其外观比较漂亮。还有就是其动力也往往是一流的。

因此,在消费者买车的时候,合资品牌常常是首选。

有日系品牌的负责人表示,合资品牌一直受捧,除了其品牌历史悠久之外,还有就是其性价比比较高。很多消费者希望买到的是一款贬值不大的车型,比如说,东风日产天籁、广汽丰田凯美瑞这些车型的贬值率都很低,开几年再作为二手车卖出去,也能卖个好价钱。

这几年,合资品牌车也迎合市场需求推出了价格以 5 万元起步的 A0 级车型。比如北京现代的瑞纳、上海通用雪佛兰新赛欧等车型,其起步价都为 5 万多元。而 A 级车方面,上海大众、一汽大众还有东风日产、广汽丰田、广汽本田等都推出了起步价在 10 万元左右的车型。

另外,各个合资品牌还将原来所售的 B 级车型的价格进行了下调,同时提高配置,这让买车的消费者有了更多的欣喜,可以比以前少花钱而又能买到高配置的车。

"出现这种现象,反映了车企除了要完善产品线,更希望用低价来维持自己品牌的市场占有量。因为你不降价,别的品牌也会降价,只有大家一起降,才会有竞争力。所以车企也好,车商也好,都希望能通过低价格来吸引消费者。"有汽车专业人士表示。

(4)联盟者的品牌合作。如Taligent是由IBM和Apple Computer为开发并市场化面向对象操作系统和产品而成立的一家独立的公司。

(5)背书品牌策略。背书品牌策略是将公司名称冠于产品最有效的办法。如消费者购买的汽车在美国是Pontiac、Buick、Chevrolet,在欧洲是Opel,车上通常可看到两个很大的字母GM,虽然它们都是通用汽车旗下品牌,但是通用汽车退居支持与承诺的第二地位,很明显通用汽车是背书品牌。品牌背书对所有品牌保证负责,今日,这些保证不止是品质与专业,也有社会责任、伦理与环保关怀。

## 扩展阅读

### 宝洁多品牌管理体制

宝洁公司于1931年首创品牌经理制。宝洁的多品牌战略的目的非常清楚,就是使宝洁在各产业中拥有极高的市场占有率。为了实现这一目标,宝洁建立了品牌经理制。

传统上以职能形式的营销使各职能部门都竞相争取预算,而又不对产品的市场负责任。在品牌经理制中,品牌经理只对一个品牌负责,就像一个品牌的"总经理"对各个部门进行协调,保证各部门的行动统一在"战略或消费者价值"之下。品牌经理制可以大大地提高品牌的竞争力。它使公司各部门都围绕着品牌经理运作,而品牌经理围绕市场运作。这是一种以消费者为核心的市场导向的管理模式。现在,宝洁的浪峰牙膏已经营销30多年,汰渍洗涤剂40多年,佳美香皂60多年,而象牙肥皂超过110年。在品牌经理制条件下,公司品牌与产品品牌的关系是:在新产品推出阶段使用公司品牌,一旦获得市场认可就只强调产品品牌,不再把公司名称和品牌混用。

长期以来,品牌经理制发挥了很大作用,但也存在明显的缺陷:

(1)品牌之间竞争有余而合作不足。由于企业把品牌决策权授予品牌经理,而品牌之间缺乏合作和协调,容易导致品牌经理争夺企业资源,品牌业务相互重叠,有悖于范围经济。

(2)品牌经理容易产生不顾公司整体利益的短期行为。

(3)品牌经理制缺乏系统的规划和领导,导致资源浪费和管理失控。

鉴于此,宝洁公司又创建了新的多品牌管理体制。新的多品牌管理体制的构架由3个管理层次组成:

(1)产品品牌管理。由基层产品品牌经理负责,任务是了解顾客对品牌的看法,向企业的生产、研发和营销部门反馈市场信息,并参与产品的研发和技术设计,且在营销部门的配合下,进行所负责品牌的营销。

(2)品类品牌管理。由品类经理负责,任务是协调品类内部各品牌之间的关系,合理分配资源,以及建立与中间商的关系。

(3)企业品牌管理。由企业高层管理负责,建立企业合理的品牌组合和品牌建设的总体规划,管理企业品牌、旗帜品牌和企业形象,发挥它们对基层品牌的指导作用。负责企业品牌管理的高层管理叫首席品牌官或 CBO(Chief Brand Officer)。

## 任务二 家族品牌战略

### ☞思考案例

康师傅不同品类的产品使用的都是康师傅这个主品牌加产品品类或康师傅主品牌加产品副品牌的家族品牌策略。如康师傅主品牌加产品副品牌的有康师傅3+2、康师傅鲜的每日C、康师傅食面八方等;康师傅主品牌加产品品类的有康师傅冰红茶、冰绿茶等。

## 一、家族品牌内涵及作用

(一)家族品牌的内涵

家族品牌(Family Brand),是指将单一的主品牌用于多种产品服务上,只是在主品牌后面加上一个具有叙述性字眼的副品牌。

家族品牌又可分为单一家族品牌与产品线家族品牌,前者是指企业内所有的产品一律使用同一个品牌,后者则是不同的产品线采用不同的品牌。如,维京(Virgin)旗下有维京航空、维京快递、维京广播公司、维京铁路、维京可乐、维京牛仔裤、维京唱片等等。而松下公司将它的音像制品的品牌命名为 Panasonic,家用电器的品牌定为 National,立体音响的品牌定为 Technics。

(二)家族品牌的作用

家族品牌的作用主要有:

一是可以将共同联想连结到不同独特产品上,进而降低相关新产品的成本,并增加消费者接受度,以加强明确性与综合效果。

二是各产品类别均采取统一的品牌名称,要比运用数十种个别品牌更容易记忆。当品牌在某一产品市场创造了联想型与能见度时,家族品牌更能将综合效果发挥到极致,因为品牌在每一市场中的每一次曝光,都有助于能见度的提升,强化品牌的知名度。

三是带有家族品牌可发挥杠杆效益,尤其是当主品牌拥有很高的知名度与美誉度时,更容易发挥更大的作用,促进新产品的销售。

当然事物都有两面性,一旦主品牌"受损",将波及整个家族品牌产品,所谓"荣辱与共"便是最真实的写照,因此要时刻维护好主品牌形象。

## 二、副品牌内涵及作用

(一) 副品牌的内涵

副品牌(Subbrands Under a Master Brand)是指企业在生产多种产品的情况下,给其所有产品冠以统一品牌的同时,再根据每种产品的不同特征给其取一个恰如其分的名称,这就是"副品牌"。

副品牌如果使用得当,可以使消费者增进对公司与家族品牌的联想与态度,塑造产品的独特性差异,丰富主品牌形象,使主品牌看起来更具差异性,更能吸引顾客。反之,使用不当,则会导致消费者联想混乱,可能会对主品牌造成伤害,甚至消灭主品牌。

**扩展阅读**

### "主副"品牌 ≠ "企业"品牌与"产品"品牌

这主要是由品牌是否直接用于产品及认知、识别主体所决定的。如"海尔—帅王子"冰箱、"三星—名品"彩电,海尔、三星是企业品牌,同时也直接用于产品而且是产品品牌的识别重心。故"海尔"与"帅王子"、"三星"与"名品"是主副品牌关系。

"通用"与"凯迪拉克"、"雪佛莱"则属于企业品牌与产品品牌之间的关系,因为一般消费者对凯迪拉克认知崇尚主要是通过"凯迪拉克是美国总统座车"、"极尽豪华"、"平稳舒适如安坐在家中"等信息而建立的。"通用"这一形象在促进人们对凯迪拉克的崇尚赞誉方面所能起的作用是很有限的。"顶新"与"味全"、"德克士"、"康师傅"、"P&G"与"飘柔"、"海飞丝"、"舒肤佳"也是典型的企业品牌与产品品牌之间的关系。

资料来源:搜狗百科 http://baike.sogou.com/v57310584.htm

**小案例**

Hershey是巧克力的品牌,在糖浆商标上注明"来自巧克力的Hershey",从而塑造了巧克力糖浆的主导地位。然而Hershey推出了Hershey粉红压缩包草莓糖浆,产品线延伸成功,但改变了Hershey的品牌联想。Hershey到底是巧克力还是糖浆?

(二) 副品牌在品牌推广中的作用

在实施副品牌策略时,可选择将副品牌当作一种叙述性字眼、推动性品牌,或是这两者的结合。假如,副品牌仅仅是作为叙述性字眼的话,便可称为"家族品牌"策略,因为主品牌才是主要的品牌推动者。而假如副品牌在品牌推动上扮演重要角色的话,就变成了副品牌策略。假如副品牌与主品牌的角色同样重要的话,就属于联合推动(co-drive)的范畴。副品牌在品牌推广中的作用见表5-1。

表 5-1　副品牌在品牌推广中的作用

| 作　　用 | 只担任叙述性字眼 | 举足轻重的推动作用 | 与主品牌的推动角色相当 |
| --- | --- | --- | --- |
| 主导推动品牌 | 主品牌 | 主品牌 | 主品牌＋副品牌 |
| 范例 | 维京快递 | 康柏 Presario 电脑 | 吉列"感应系列"刮胡刀 |

## 任务三　品牌延伸战略

### 思考案例

娃哈哈的品牌从最初的儿童食品营养液已经延伸到 12 个品类,包括果汁饮料、乳品饮料、饮用水、碳酸饮料、茶饮料、运动饮料、保健品、八宝粥、瓜子、方便面和童装等。大多数品类又各自延伸出少则 3 个多则 10 个以上品种。如碳酸饮料又延伸到可乐、柠檬水、汽水等品种,其中副品牌"非常可乐",让奥运会网球女双冠军做广告,"中国人自己的可乐——娃哈哈非常可乐"正在各种媒体上出现,知名度迅速提高。现在,以娃哈哈冠名的果奶、八宝粥、燕窝、绿豆沙、清凉露、AD 钙奶、第二代 AD 钙奶、平安感冒液、纯净水、非常可乐(系列)等产品,正在中国食品饮料市场迅速扩展。

## 一、品牌延伸的定义和种类

(一)品牌延伸的定义

品牌延伸(Brand Extention)是指品牌企业用原有品牌为新的产品命名,原有品牌也称为原品牌或母品牌、主品牌等。

品牌延伸就是将原品牌用于延伸产品。一个新产品可能在原材料、零部件、生产工艺、技术、价值链、产业链等方面与现有产品相同,而新产品只要在其小的一方面与现有产品不同,就可以看做现有产品的延伸产品。

(二)品牌延伸的种类

品牌延伸有两类:品种延伸和品类延伸。

1. 品种延伸

品种延伸,也称线延伸,是指现有品牌向同一品类的不同品种(或性能、款式、规格、档次等)的延伸。线延伸通常伴有副品牌的命名,即用副品牌表示线上不同的品种(或性能、款式、规格、档次等)。

因为同一产品线的产品面对的一般是同一消费群,因此产品在功能和技术上往往有着内在的联系,目标消费群也往往是同一消费群体。例如,金利来系列男士用品在高收入男性阶层中备受青睐,为了最大限度地利用品牌资源,"金利来"陆续推出了皮带、皮包、钱夹、T恤衫、西装、领带、钥匙扣等男士服装和饰品。

优势:维持品牌形象,加深品牌印象;利用品牌信任,增加新产品机会;降低促销费用,促进规模经济。

劣势:抑制新产品开发;品牌延伸空间小。

2. 品类延伸

品类延伸,是指现有品牌向不同品类的延伸,是一种为了达到最大利用宣传资源,而把所有产品不论相关与否均使用同一品牌的扩张策略。例如,飞利浦公司生产的音响、电视、灯壶、手机等产品,都冠以同一品牌。

优势:加深企业和产品印象;保护企业名称专有权。

劣势:降低品牌的影响力;不利于单一品牌的垂直延伸。

品牌之间的差异一般大于或远大于同一品类不同品种之间的差异,因此,品类延伸的难度一般大于甚至远大于品种延伸或线延伸。品牌的品类延伸相对较少,大多数是品种延伸。当品类延伸的难度过大,超出品牌主的生产能力和消费者的心理接受能力时,品类延伸就可能被多品牌所替代。

### 扩展阅读

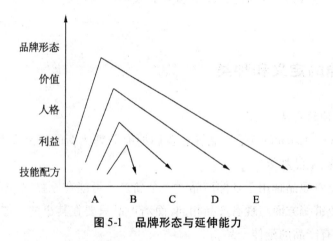

**图 5-1 品牌形态与延伸能力**

如图5-1所示,近延伸(Close Extension)B点是使用与原品牌兼容配方的延伸,如亨氏(Heinz)番茄酱也可以卖芥末酱;C点是对应于品牌利益的延伸,如比克(Bic)所有产品从原子笔、刮胡刀到打火机,都是可丢弃式与便宜的;D点是人格的延伸,如索尼(Sony)刚开始只是音响专卖,几年后在电视影带业享有声誉,因此改变形象,但是它的核心价值始终是科技、精致与创新;E点是深层价值的延伸,如奇异的核能反应器与烤面包机是强调产品带来的价值。

资料来源:Kapferer, J. N.(2008)The New Strategic Brand Management, Kogan Pag.

## 二、品牌延伸的好处与风险

品牌延伸是一把"双刃剑",它确实为企业带来了诸多好处,成就了众多企业的扩张蓝图,但同时也损毁了许多原本很优秀的品牌。因此,对品牌延伸的理解应当从正反两个方面入手,不仅要意识到延伸的好处,还有必要对它的风险有足够的认识。

(一)品牌延伸的好处

1. 降低新产品不确定性风险

品牌延伸有利于降低新产品具有的不确定性风险。消费者对新产品总是不十分了解的,较难预期购买和使用新产品的结果,这就是新产品的不确定风险。此时陌生的新品牌,就会加重这种不确定性,使得消费者更难以接受,因为新品牌也具有不确定性。而新产品采用老品牌延伸,可以减小这种不确定性,降低风险。

> **小案例**
>
> 娃哈哈进军可乐市场时,推出一个响亮而富有朝气的副品牌:"非常可乐"。但娃哈哈这一主品牌没有被抛弃,在品牌设计上,非常可乐还将"娃哈哈"用比较大的字体,放在比较明显的位置上,以起到以老带新的作用。

品牌延伸不仅有利于消费者接受新产品,也有利于中间商接受新产品。中间商经营大量的供应商产品和品牌,一般更愿意选择一些具有一定品牌知名度的产品,因为这类产品和品牌更具有确定性,经营风险也较低。

2. 节约新产品推广的成本

品牌延伸有利于节约新产品推广的成本。品牌延伸首先省掉了新品牌开发和设计费用;其次,延伸新产品与老产品之间有密切的联系,有利于消费者对其产生有利的联想,因此可以减小由于消费者的认知矛盾造成的间接成本;最后,延伸品牌的传播费用也可以大大节约。如延伸品牌的广告宣传只要重点介绍新产品本身,而老品牌就无需多介绍了。而且延伸品牌的广告无需做大改动,老品牌的广告设计、广告媒体和广告代理渠道都可以沿用。另外,品牌延伸的成本节约还体现在可以沿用老品牌的包装。

3. 满足忠实消费者多样化的需求

品牌延伸有利于满足忠实消费者多样化的需求。品牌延伸能使品牌的产品更加丰满和多元化,能为消费者提供更多的选择可能性。品牌延伸,从某个角度讲也是对市场进行细分,来满足不同目标消费者需求。对于消费者而言,产品越丰富,品类越齐全,选择余地就越大,同时给消费者带来的便利性就越大。

4. 丰富原品牌的内涵

品牌延伸有利于丰富原品牌的内涵。启用多品牌战略意味着对老品牌的一种"抛弃",

企业的新陈代谢容易造成消费者的喜新厌旧,这不利于维护好的老品牌。而品牌延伸意味着对老品牌的继承和弘扬,能使原品牌的内涵更丰富、更深刻,在消费者心目中的印象更深、形象更完美。

### 小案例

海尔从洗衣机延展到冰箱冰柜、空调、彩电等,让消费者感受到海尔在不失承诺,在不断创新。这不仅体现了海尔品牌的核心价值,而且还丰富了品牌的内涵。

5. 获取更大的范围经济效益

品牌延伸比多品牌有更大的范围经济效益。品牌多个延伸产品之间的联系比多品牌之间更加紧密,更加有整合性或一体化,因为从产生范围经济的多样化结构看,品牌延伸造成的多样化主要是品种(或线产品)的多样化,多品牌造成的多样化主要是品类的多样化,而同一品类的品种(或线产品)之间的联系自然要比不同品类之间的联系更紧密。因此,在可比条件下,在同一品牌下的范围经济效益要高于在同一企业不同品牌下的范围经济效益,因为前者更好的整合性可以更多地节省多种产品之间的协调成本。换言之,品牌延伸可以在一个品牌下实现更大的范围经济效益。

（二）品牌延伸的风险

1. 过度延伸增加选择困难

企业产品线过度细分化,将会使产品线产品差异日益模糊,增加选择的困难度。营销人员应该解释延伸产品的差异性,否则会造成消费者选择混淆,增加选择困难度,对延伸产品不利。

2. 垂直延伸有损品牌形象

垂直延伸是将品牌带往看起来似乎很有吸引力的市场,而这个市场可能比现有等级更高或更低。但Aaker(1997)建议品牌经理应该尽可能避免采取垂直延伸。因为品牌权益有很大的部分是建立在形象与所感受到的价值之中的,而垂直延伸很容易扭曲这些特质。

### 扩展阅读

#### "品牌延伸"的反效益

早年,美国的"派克"钢笔质优价贵,是身份和体面的标志,许多社会上层人物都喜欢带一支派克笔。然而,1982年新总经理上任后,把派克品牌用于每支售价仅3美元的低档笔上,结果,派克公司是获取了有限的低档笔市场,但丧失了一部分高档笔的市场,其市场占有率大幅下降,销售额只及其竞争对手克罗斯公司的一半。究其原因,"高档、有派头"是派克笔的品牌个性,延伸到低档市场,稀释了品牌的个性化联想,而其竞争对手则趁机侵入高档笔市场。

著名高档白酒品牌"五粮液"从1994年开始品牌延伸,在短短8年间就延伸出百余个品牌,由于大多采用中低端延伸策略,如一百多元的五粮春、几十元的五粮醇等,导致五粮液品牌资产贬值,声誉受损。2002年12月,五粮液集团公司最终决定取消38个延伸子品牌。

所以,品牌垂直延伸风险非常之大,尤其是身份象征型的高档产品。品牌的生命力源自消费者大脑中的个性化联想,任何背离和伤害原有品牌个性的品牌延伸都会危及品牌的根基,是品牌延伸的第一大忌。

3. 遭受到零售商抗拒

零售商货架空间有限,所以会考虑最快的回转率及最适库存量,而且货架空间也供应本身的私有品牌。因此,制造商因零售商不会因产品种类增加而提供相对应的货架空间,加上私有品牌的竞争,使渠道关系恶化,成本上升。越来越少的货架空间,造成制造商彼此竞争提高促销成本,使大零售商坐享其成。

4. 吸引竞争者的模仿

延伸所获得的市场占有率不会持久,因竞争者会很快跟进,提供更多竞争机会。竞争者在市场领导者推出新产品之后,很快地模仿推出新产品,使延伸所获得的市场占有率不会维持很久。

5. 对原品牌的淡化或损毁风险

品牌延伸发生最多的问题就是贪大图全。在少许成功案例的影响下,企业扩大生产领域,导致产品线过长,品牌覆盖的品类过多,直接影响品牌消费者对原品牌的理解与忠诚,造成原品牌概念的淡化,以及品牌影响力的丧失,主要表现为贪大图全、产品品类杂乱等问题。

**小案例**

美国Scott公司生产的舒洁牌卫生纸,本是卫生纸市场上的头号品牌,但随着舒洁餐巾纸的出现,消费者的心理发生了微妙的变化。对此,美国品牌大师艾·里斯幽默地评价说:"舒洁餐巾纸与舒洁卫生纸,究竟哪个品牌才是为鼻子策划的?"结果舒洁卫生纸的头牌位置很快被宝洁公司的Charmin牌卫生纸所取代。

6. 延伸过快容易导致失败

延伸过快是相对于其他配套延伸而言的。品牌延伸不是简单的品牌形象延伸,它要求管理水平、传播技术、文化内容相应地提高。品牌延伸速度过快,企业相应的资源未能及时跟上,很可能会导致延伸的失败。这类风险只是影响延伸的产品,对原品牌不会产生不良的影响。

## 三、影响品牌延伸的因素

总的来说,消费者对原品牌的态度和消费者认知的原品牌与延伸产品的关联度是影响品牌延伸成败的两个关键因素。

品牌延伸的成败 = 消费者对原品牌的态度 × 消费者认知的原品牌与延伸产品的关联度

这两个因素对品牌延伸的影响及其规律可叙述如下:

(1)如果消费者对原品牌持肯定的态度,并且消费者认知的原品牌与延伸原品牌之间的关联度比较高,那么品牌延伸就容易成功。因为消费者认为好的品牌具有"光环效应",可以照亮关系比较密切的延伸产品,所谓爱屋及乌。

(2)如果消费者对原品牌持肯定的态度,但消费者认知的延伸产品与原品牌之间的关联度较低,那么品牌延伸就不容易成功。

表 5-2 为品牌延伸成功与失败案例。

表 5-2 品牌延伸成功与失败案例

| 成功的品牌延伸 | 失败的品牌延伸 |
| --- | --- |
| 多芬洗发乳、多芬润发乳 | 汤厨西红柿酱 |
| 凡士林强化护肤爽肤水 | Lide Savers 口香糖 |
| 贺喜巧克力牛奶 | Cracker Jack 麦片 |
| Jell-O 布丁 | 哈雷机车葡萄酒冷藏柜 |
| Visa 旅行支票 | Hidden Valley Ranch 冷冻食品 |
| 香吉士柳橙苏打 | Bic 香水 |
| 高露洁牙刷 | Ben – Gay 阿司匹林 |
| Mars 冰激凌 | 可丽舒尿布 |
| Arm & Hammer 牙膏 | Clorox 洗衣精 |
| Bic 抛弃式打火机 | Levi's 裁缝经典西装 |
| 本田割草机 | Nautilus 运动鞋 |
| Mr. Clean 洗车器 | 达美乐水果口味口香糖 |
| Fendi 手表 | Smucker 西红柿酱 |
| 保时捷咖啡壶 | Coors 洛杉矶脉矿泉水 |
| Jeep 婴儿车 | Cadbury 香皂 |

资料来源:Keller K. L. (2008). Strategic Brand Management. 3$^{rd}$ edition, Pearson.

> **小案例**

在美国市场上,亨氏原本是名牌腌菜,占有最大的市场份额。后来,公司将亨氏品牌延伸到西红柿酱,十分成功,一跃成为西红柿酱第一品牌。但与此同时,亨氏丧失了腌菜市场上的头把交椅,正是"有所得必有所失"。这就是品牌学家所说的"跷跷板效应":一个名称不能同时代表两个完全不同的产品,当一种上来时,另一种就要下去。由于延伸产品与原品牌的关联度极小,因此尽管原品牌是一个强势品牌,但还是避免不了品牌延伸的失败。不过,这个失败不是表现在延伸产品上,而是表现在原品牌上。从形式上看,好比用牺牲原品牌产品的办法换取了延伸产品的成功。

(3) 如果消费者对原品牌肯定的态度比较强,那么即使延伸产品与原品牌之间的关联度适当降低也可以使品牌延伸成功。而如果消费者对原品牌肯定的态度一般,那么延伸产品与原品牌之间的关联度需要提高,以保证品牌延伸的成功。

> **小案例**

手表与戒指的关联度不是很高,但市场实验证明:劳力士手表延伸到劳力士戒指是能成功的,因为劳力士品牌是被市场高度肯定的。而市场对天美时电子表肯定的态度一般,因此,天美时应选择电池、计算器等与电子表关联度较高的产品作为延伸产品,以保证延伸的成功。

(4) 消费者认知的延伸产品与原品牌之间的关联可以有以下多种方式(详见表5-3),通过这些关联,使得消费者较为容易接受新产品。

表5-3 延伸产品与原品牌之间的关联类型

| 关联类型 | 范 例 |
| --- | --- |
| 解释性关联 | 娃哈哈"饮料→儿童服装",都是儿童用品 |
| 互补性关联 | 高露洁"牙膏→牙刷",产品互补 |
| 替代性关联 | 步步高"VCD→DVD",产品的换代升级 |
| 技术性关联 | Sony"音响→电视影带",核心都是技术 |

(5) 如果原品牌是品牌市场的领头品牌,那么进行品类延伸的难度最大。因为品类市场的领头品牌,已经被消费者认知和评价为"最具品类代表性或特征的品牌"。既然消费者认为一个品类的领头品牌最具有这个品类区别于其他品类的特征,那么这个品类的领头品牌与其他品类的差异就最大,也就是最难以与其他品类接近和关联,即关联度最小,因此,消费者最难以接受这个品类的领头品牌延伸到其他品类。

(6) 原品牌的正面联想可能变成延伸品牌的负面联想。例如,金宝汤延伸到西红柿酱,就产生这样的负面影响。原品牌的核心内涵是"汤",对品牌有正面影响,延伸品牌的内涵是"西红柿酱",如果西红柿酱做得像汤,显然变成一种负面影响。

(7) 如果延伸产品是较简单的容易生产的产品,那么品牌延伸会冲淡原品牌的价值。如果延伸产品是较复杂的很难生产的产品,那么品牌延伸会增大原品牌的价值。为了防止这种品牌价值被冲淡的现象,品牌向简单产品延伸时,要多宣传延伸产品的特色,用特色来体现价值。

### 小案例

喜力啤酒是名牌啤酒,但喜力啤酒延伸为喜力爆米花会降低喜力品牌的身价,因为消费者感觉爆玉米花太容易生产了,喜力生产爆玉米花是"大材小用";而且爆玉米花的简单性使得这个市场成为无差异化的完全竞争市场,在完全竞争的状况下,市场供应者的产品之间几乎没有差异,市场需求者买谁的产品得到的效用都几乎一样,因而无需识别供应者的品牌,品牌的价值大大降低了。

(8) 如果延伸产品与原品牌的关联度较低,那么品牌延伸的失败对原品牌形象的损害不大;如果延伸产品与原品牌的关联度较高,那么品牌延伸的失败对原品牌形象的损害比较大。

(9) 如果原品牌的品牌资产比较大,那么品牌延伸的动机比较强烈,也比较持久。因为这样的品牌已经获得消费者十分有利的态度,即较好地具备了品牌延伸模型中两个要素之一,只要在另一个要素上下功夫,品牌延伸就能成功,因此信心比较足。

(10) 品牌向上下游品类的垂直延伸比较困难;向上游的品牌垂直延伸更加困难。品牌的垂直延伸比水平延伸难,因为垂直延伸是品类延伸,水平延伸大多数是品种延伸,而如前所说,品类延伸比品牌延伸难。垂直延伸中,向上游延伸比向下游延伸难,因为下游产品中包含着原品牌产品,关联度比较大;而上游产品只是品牌产品的一部分,原品牌与上游产品的联系只是部分的联系,关联度比它与下游产品要小,因此原品牌向下游产品延伸比较容易成功,而向上游产品延伸相对难一些。

### 扩展阅读

#### 品牌延伸的步骤

品牌的延伸有一套科学而严谨的步骤来防范其不当延伸的风险,主要有如下几个步骤:

1. 确定原品牌与目标市场的线路

所谓原品牌与目标市场的线路,是指原品牌向目标市场延伸的技术路线,是由一个已存在的品牌向一个与之不相关的市场运动的途径,是原品牌核心价值的演变轨迹,可能存在的线路当然不止一条,且每条线路都有其优势与劣势,品牌的延伸方向选择并不是目标的确定,更多的是对实现延伸目标路径的选择。

尽可能地设计出实现预期延伸目标的路径,并测算其存在的风险与收益。这是进行品牌延伸的基础步骤。

2. 关键线路的选择与分析

采用类似于项目管理中的关键线路法,对上一步骤找出的可能线路结合企业实力进行综合评估。按照品牌资产最大化与企业经营目标统一的原则,依据各条线路的综合评估结果,将其排序并优选,再依次对其进行分析、调整,选择出品牌延伸的关键线路。

3. 延伸对品牌内涵的影响测试

按照上一步骤的排序结果,按照品牌系统论的要求,逐一测试各条延伸路径对品牌内涵的影响,再次进行线路筛选。这次筛选的结果可能得到几个可行的备选方案。

这些备选方案要通过下一步骤的调整之后,依然要使用此步骤的方法再次进行测试,往复循环,直至最优方案在下一步得到确认为止。

4. 延伸线路的确定与方向的调整

将确定的延伸线路按照既定的延伸目标分成各个阶段,再对各个延伸阶段进行调整,除一定要保持与总目标一致的要求之外,其他过程都要求符合最优原则。

5. 确定延伸形式及延伸策略

品牌延伸必须能够延伸原品牌的优势,迅速展开与消费者之间的新产品关系,依据上述步骤的结论,确定合适的延伸品牌名称、延伸形式及延伸策略。

## 项目总结

多品牌战略和品牌延伸战略是企业品牌多元化的表现,是品牌发展到一定阶段的必然表现,也是企业满足消费者多样需求,扩大市场份额的重要策略。但是在实施过程中,应充分考虑市场的需求、企业自身的实力及竞争对手的策略,同时应避免对原有品牌的伤害。

## 练一练

一、简答题

1. 多品牌战略是什么?
2. 多品牌战略的作用有哪些?
3. 家族品牌是什么?
4. 副品牌是什么?
5. 副品牌在品牌推广中的作用有哪些?
6. 品牌延伸是什么?

7. 品牌延伸的影响因素有哪些?

8. 请列举品牌延伸成功/失败案例,并说明原因。

## 二、案例分析

三九集团是一家以药业为核心产业的公司,经过几年的打拼,"999"这一品牌给人们的定位是一种药用品牌。然而,三九集团为了最大限度地挖掘品牌资源,推出了"999冰啤酒"进行品牌推广,然而效果却很不理想。

问题:(1)三九集团采用的是什么品牌延伸类型?市场效果为什么不理想?(2)如果你是三九集团的品牌总监,你认为可以将三九品牌延伸到什么产品?

## 三、思考题

试用单一品牌和多品牌策略的原理来分析以下情形出现的原因。

(1)青岛海信电器的家电是比较高端的,技术创新含量比较高,海信曾经对其新产品海信纯平彩电和海信变频空调低价促销,以吸引消费者,效果不错,但一部分消费者由此对海信高端形象产生质疑。

(2)Corvette是雪佛兰家族的高端车,高技术含量比较大,通用雪佛兰推出这一品牌赚不了什么钱,其最大的作用是树立高技术方面的形象,提升整个雪佛兰家族的形象和吸引那些对高端车好奇的消费者。

# 项目六

# 品牌推广

 引导案例

### "天际100" 360度品牌营销多元化

"天际100"是一个属于香港人的世界级观景台,不但能让旅客全方位观赏香港的美景,还可让他们同时认识香港的历史及本土特色文化,从中体验香港独有的精神。

为了实现品牌推广,"天际100"采用了全方位三百六十度的品牌营销推广策略,以提升其知名度。首先,"天际100"开设了网络社交facebook Fan Page及新浪微博,与消费者直接沟通,至今已有超过两万个facebook粉丝及十四万个微博粉丝。

"天际100"还采用"事件营销"(Event Marketing)模式,主要是通过向企业或娱乐界单位提供场地租用,以提升其品牌知名度。如,2012年初,Rovio公司在"天际100"举办了"天际愤怒的小鸟"全球首个发布仪式;而无线电视2012年香港小姐选举发布会也选择在"天际100"举行。另一方面,"天际100"也积极开展会议及婚宴的推广,更成功吸引到名歌手李玟于"天际100"举办婚礼,并获得多家媒体广泛报道,直接或间接地提升了品牌知名度。

在加入国际游乐园和旅游景点协会以强化"天际100"与其他旅游景点合作之外,"天际100"还与香港旅游发展局结为合作伙伴,让"天际100"成为香港对外重点推荐的七大旅游景点之一。为配合旅游发展局的全球宣传活动,"天际100"管理层曾先后前往日本、印度、俄罗斯等地举行简介会,并与全球超过一百一十个旅游中间公司建立合作关系。

资料来源:冼日明,郭慧仪.香港卓越品牌[J].香港:明报出版社有限公司,2012.

 **知识目标**

1. 了解包装与品牌推广的关系；
2. 了解广告创意的原则；
3. 掌握公关传播的种类；
4. 掌握新型传播方式的种类。

 **能力目标**

针对品牌宣传需要选用合适的宣传手段，并制订策划方案。

 **任务分解**

任务一：包装宣传
任务二：广告传播
任务三：公关关系传播
任务四：新型传播方式

20世纪80年代，众多公司意识到了战略性整合促销工具的必要性。他们开始尝试利用整合营销传播（IMC），即协调各种有利于消费者的促销要素和营销行为。消费者对一个公司及其品牌的认知来源于他们接触的各种信息的综合（如媒体广告、价格、包装设计、直接营销、公共宣传、销售促进、网上信息、商品展示甚至出售产品或服务的商店类型），整合营销传播使公司的营销和促销活动成为一个整体，以使公司建立一贯、统一的市场定位和形象。

本项目在广告传播、公共关系传播两种常见品牌推广方式的基础上，又增加了包装宣传和口碑营销、体验营销等品牌推广的新型传播方式。

项目六 品牌推广

## 任务一 包装宣传

**思考案例**

"可口可乐"的"弧形瓶"自1915年问世以来,始终都是世界上最受欢迎的,成为"可口可乐"最为重要的视觉识别特征之一,甚至是一种符号,象征着传世的经典与流行。从某种意义上来说,"可口可乐"的"弧形瓶"不仅仅只是承载着保护饮料这种最基础的功能属性,更能够以其独特优美的视觉造型吸引消费者的关注,给消费者以甜美、柔和、流畅、爽快的视觉和触觉感受,引发消费者对"可口可乐"这个品牌的共鸣,并让消费者从内心深处彻底地爱上这个品牌。即使是在没有灯光的黑夜中,消费者依然能够只凭手的触摸就认出这是"可口可乐"的产品;甚至是"可口可乐"的"弧形瓶"不小心被摔碎之后,消费者仍然能够只凭一个碎片就认出这是"可口可乐"的产品。

图6-1 可口可乐"弧形瓶"

资料来源:李艳.用好设计,创造成功[J].中国台北:上奇咨询股份有限公司,2014.

"人靠衣装,佛靠金装",在商品同质化现象日趋严重的今天,企业总是希望能够通过某种方法,将产品的差异性展示给消费者,随着竞争的日益加剧,企业将品牌概念融入包装设计,运用"美化"的包装来体现产品的识别性,展示企业形象,进一步吸引消费者的注意。一项研究显示,超级市场中三分之二的购买是即兴的,包装是消费者对产品的第一印象,所以必须获取一个良好的第一印象。产品包装的尺寸、形状、颜色和字体等设计因素共同形成包装的诉求,在消费者的购买决策中发挥着与广告同样重要的作用。

## 一、包装的目的

所谓包装(packaging),包含商品包装盒与包装纸的所有设计工作。包装的主要目的有:

(1)运送过程中保护商品:包装可保护产品在运输过程中不受损,也可保护产品在仓库和零售店中免于变质,尤其是药品和食品。

(2)为售后产品提供保护:与散装产品相比,包装产品通常较方便携带运送、较干净,且较不容易蒸发、散落和损坏。此外,"小孩安全包装"可阻止小孩打开药品包装盒和其他危险产品。

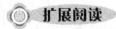 扩展阅读

### "苦味"包装助儿童安全

近日,Procter&Gamble(宝洁)公司为了减少孩子因洗涤剂中毒事件的发生采取了新举措:在洗涤剂的小包装袋上增加了点苦味,旨在提醒孩子此产品不能食用,保护孩子的安全。

与大瓶装的液体或粉状洗涤剂相比,单剂量的洗衣粉小包装凭借其轻便性、实用性受到更多消费者的青睐。

然而小尺寸和颜色鲜艳的水溶性小袋却产生了意外的危险,年幼的儿童由于鲜艳的外包装误食高浓度的洗涤剂,导致孩子意外中毒。

总部位于辛辛那提的宝洁公司表示:今年秋天,汰渍、捷恩、碧浪等宝洁旗下的多个洗护品牌都会在其外包装上增加点苦味,旨在保护孩子的安全。

这个安全保护意识也被命名为"Up, Up And Away"活动,目前此项活动正与一个专注于预防儿童伤害的组织——全球儿童安全网络展开合作。

欧盟委员会颁布了相关安全规定,其中还包括了当误食洗涤产品时,6秒钟之内在口腔中会产生不良的反应,以此提醒旁人进行紧急抢救,避免造成更大的伤害。同时,在20℃或者68华氏度的情况下,溶水性洗衣液必须能保留30秒钟以上。

欧盟委员会颁布的新规则还要求一次性的溶水性洗涤剂包装使用"不透明或者模糊"的外包装,此外要保证即使双手有力的孩子也无法打开外包装。

P&G公司更改推出的不透明新包装,更注重安全和实用性。但是该公司表示,该产品的外包装仍存在不足,公司正尽全力解决此类问题。

P&G公司高层人士表示:在发生孩子误食事件后,公司正尽全力研发新的小包装洗涤剂,使溶剂中的有毒物质停留较长时间后才释放,给孩子足够的时间吐出小包装洗涤剂,降低孩子误食的风险。

一本名为Pediatrics的医学杂志曾在2012年和2013年对此作了统计和相关的报道,报道显示在这两年期间美国有超过700名儿童因为误食洗衣粉包住院,并且造成两名儿童死亡。

P&G一直是洗护行业的领导者,该公司相关人士表示:我们已经看到此类包装对孩子产生的重大危害,我们也会采取相关措施避免此类事件再度发生。

资料来源:腾讯微信 http://mp.weixin.qq.com/

(3)让中间商接受产品:产品包装应符合批发商和零售商规定。例如,包装尺寸和形状必须适合商店陈列与堆叠方式。

(4)有助于说服消费者采购产品:包装方式可引起消费者对产品的注意。购物者平均在每家商店逗留时间为20分钟,每秒需看20项产品(Schreiber,1994)。此时,在商店的走

道上,包装可被视为无声的销售人员。在中间商品牌方面,由于少有大量广告宣传,包装就被视为与消费者沟通的渠道。

## 扩展阅读

### 美国"营养标识与教育方案"(1990)包装标识规定

本法案的目的在于,完全揭露食品的营养成分。标识必须列明卡路里、脂肪、胆固醇、钠、碳水化合物和蛋白质的含量。此外,还必须标识每日摄取 2 000 卡路里的比例。维他命、矿物质含量也要列出每日最高用量的比例。

"营养标识与教育方案"对营养标识的规定,影响了 20 万种包装食物。这些标识的改变,让食品制造商必须增加成本,预估约 20 亿至 60 亿美元。不过,支持者认为,新的标识规定有助于改善营养,因而降低医疗支出。当然,必须消费者阅读营养标识,并依此选择食品,才能节省医疗支出。调查结果显示,推出营养标识规定后,购物者获得了更多的营养资讯。

## 二、包装在品牌推广中的作用

（一）包装是品牌的视觉载体

包装设计是一项综合的系统工作,将品牌商标、文字信息、图案、色彩、造型、材料等多项要素根据不同的目的有机组合在一起,在考虑商品特性的基础上,遵循品牌设计的基本原则,将品牌的视觉符号最大限度地融入到包装设计上,形成独有的品牌个性,在区分竞争产品的同时,以明确该产品归属于哪家企业(李艳,2013)。

因为视觉的传播是直接的,所以它比语言更深入、更生动地与人们的心灵相连结。好的品牌商品包装,在充分传达商品资讯的同时,应该对其利益点予以最直观的展现,以吸引消费者的注意。

图 6-2 为日本著名工业设计师深泽直人创造的仿生"果汁皮"饮料盒,这些包装看起来、摸上去与真实的水果表皮一模一样。深泽直人说:"如果人们拿起果汁的盒子就像拿着一个真的水果,那么他们一定会认为盒子里的果汁很天然、很好喝"。

图 6-2　深泽直人设计的仿生"果汁皮"饮料盒

### 扩展阅读

**包装评估的 VIEW 模式**

V = 可见性，是指包装能在人们购物时吸引他们的注意力。

I = 信息性，是指包装上随处可见的各种形式的产品信息。

E = 感情诉求，是指包装能激起预想的感情或心情。

W = 工作性能，是指一个包装如何起作用而非它怎样沟通，如能够保护产品、便于储存、是否环保等。

#### （二）包装是品牌的"无声推销员"

当消费者购物时，首先映入眼帘的就是产品的包装，此时，包装设计的优劣，直接影响消费者对于产品品质的判断，同时，会对所属品牌产生连带效应，认为品牌的价值等同于产品品质。尤其对酒类、饮料、化妆品、食品、药品等一些本身没有太多外观形态的商品而言，精美的包装设计能激起消费者高层次的社会性需求，深具艺术魅力的产品包装设计对消费者而言是一种美的享受，从而促进消费者的购买。

图6-3为香奈儿香水的系列包装，无论包装造型、材质、色彩还是工艺上都透露出特殊的气质和高贵感，营造出神秘的魅力和不可思议的气氛，显示出令人神往的浪漫情调，给消费者一种高档品牌、高品质产品、高附加值的享受。

图6-3 香奈儿系列香水包装瓶

具有"无声推销员"之称的包装在设计时，要实现以下三方面功能：第一，从陈列环境着手，在包装的色彩、图案、款式等方面要突出品牌的视觉冲击力，以区别同类产品，最终脱颖而出。第二，从品牌定位、品牌个性着手，针对目标顾客以及销售渠道，决定包装设计风格以突出品牌及利益点。第三，根据渠道及价格的差异，设计有附加值、品质感及美感的包装。这些要素都是与品牌价值相辅相成的，是提升品牌美誉度的重要手段。

### 小案例

牙膏是我们生活中不可或缺的日用品,因此市场竞争十分激烈。国际牙膏巨头美国高露洁公司在进入我国牙膏市场以前,曾做过大量的市场调查。高露洁公司发现,我国牙膏市场竞争激烈,但同质化竞争严重。无论是牙膏的包装还是广告诉求都非常平淡。针对这些特点,高露洁采用了创新的复合管塑料内包装(见图6-4),并用中国消费者都非常喜欢的红色作为外包装的主题色彩。结果大获成功,在短短的几年时间内,迅速占领了我国1/3的牙膏市场份额。

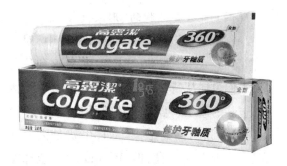

图6-4 高露洁牙膏包装

### 扩展阅读

限量与特殊版包装,是很多品牌产生口碑与获得吸引力的途径。也就是说,利用稀少与独特因素,将平凡普通转变成消费者的渴望。如,2008年为中国北京奥运献礼,"可口可乐"推出艺术酷眩铝瓶WE8限量套装。八款可口可乐艺术弧形瓶(见图6-5)分别代表:全球和谐,世界和平,振奋时刻,人类共融,健康世界,积极乐观,坚韧精神和快乐主义;另外八款源于东方的视觉艺术(E8)加上八支来自西方的精美音乐(W8),合二为一便成了荟萃东西文化的"WE8东西群音绘八方"。

图6-5 WE8限量包装

(三)包装是品牌的"绿色文化"使者

包装在给企业和消费者带来种种便利的同时,也对人类赖以生存的环境带来危害,随着全社会对环境和生态保护意识的增强,商品包装采用无毒、无污染、可回收利用、可再生或可降解的绿色环保材料就显得更胜一筹。

图6-6是2011年百事可乐研发的植物性包装,这种饮料瓶完全是由柳枝麦、松树皮、玉米外皮及其他植物性材料制成。此外,百事可乐还计划使用橙皮、燕麦外壳、土豆片及其他

来自该公司产品业务的残留物来生产饮料瓶。百事可乐称,这种植物性包装可以降低饮料瓶的"碳足迹"。

（四）包装是品牌的"形象代言人"

消费者在商品的长期使用过程中,对作为商品的"面孔"包装,会产生熟悉感和信任感,人们习惯从货架上根据包装寻找产品,因此,包装的造型、色彩、字体等不应轻易变动,以树立稳固的商品形象。如,牛奶是大众化商品,很少有差异性,但Almarai却是全球市值最高的牛奶公司。它没有品牌标志,但是

图6-6　百事可乐研发的植物性包装

从包装上一眼就可认出Almarai牛奶(见图6-7)。正如在国际上,可口可乐和Absolut品牌(见图6-8)的包装广受欢迎。

图6-7　Almarai牛奶包装　　　　图6-8　Absolut伏特加包装

## 任务二　广告传播

**思考案例**

通过一连串的简单易记的传播法,Goodby Silverstein & Partners公司为乳品公司所做的"喝牛奶了吗?"的广告就创造了佳绩,成功地提醒消费者他们应该什么时候,以及为什么要喝牛奶。在广告牌上用巨幅的食品照片,照片中的食品若与牛奶一起吃会更好吃:像花生酱、果酱三明治、蛋糕,以及十分受欢迎的巧克力饼干,唯一的文案是"您喝牛奶了吗?",相同的电视广告也强调一些非配牛奶喝不可的情况。"您喝牛奶了吗?"广告符合了所有"大创意"的特点:它很简单、实际,而且说的内容让目标

市场能很明确地辨认出。

## 一、广告传播概述

广告是品牌传播的主要方式之一,它通过报纸、杂志、广播、电视、户外展示和网络等大众传媒向消费者或受众传播品牌信息,诉说品牌情感。广告在建立品牌认知、培养品牌动机和转变品牌态度上都能发挥重要作用。

广告与其他品牌传播方式相比有公开性、覆盖性、复制性和艺术性等四个优点:

1. 公开性

品牌广告是公开地刊登在大众媒体上,具有信息传播上的公开性。这就能使消费者对品牌产生一种正规的、合法的和可靠的印象,有利于消除他们对品牌的某些疑虑。

2. 覆盖性

广告是利用大众传媒的传播方式,而大众传媒可以使品牌信息最广泛地接触到消费者或公众,形成最大的覆盖面,最迅速地扩大品牌知名度。

3. 复制性

广告制作的标准化和规模化,容易使人们对做广告的品牌产品或厂商形象也产生一种"标准化和规模化"的联想,而标准化和规模化是现代化大工业的基本特征。因此,这种联想有利于树立良好的品牌形象。

4. 艺术性

广告是一种艺术,具有美的或情感的表现力和感染力,比其他沟通方式更能表现国际产品或企业的价值,更能吸引国外消费者。许多品牌广告都请演员或艺术家担任模特,除了他们的知名度外,一个更重要的因素就是他们或他们作品的情感形象能大大提升品牌广告的艺术感染力。

广告传播也可能对品牌产生一些负面影响,比如,广告会增加品牌风险。品牌广告实质上都是品牌承诺,任何品牌一旦做了广告,等于向消费者公开承诺"君子一言,驷马难追"。既然有承诺,就有履行或兑现承诺的压力。广告在传播品牌形象的同时对品牌行为产生了约束作用。这种广告引起的约束力,会造成品牌管理成本的增加。事实上,广告具有艺术性,而艺术总是要夸张的,因此,广告承诺多少总是带有"夸张"成分,即完全履行或兑现是有难度的,而这往往成为不少品牌被投诉的由来,即实际的品牌产品或服务不如品牌广告说得那么好。

## 二、品牌广告的创意

品牌广告的创意是指广告文字和图像所表达的品牌内容。广告创意直接影响品牌形象。好的广告创意能有效地建立和提升品牌形象,而差的广告创意则有损于品牌形象。

（一）广告创意过程

美国广告大师,詹姆斯·韦伯·扬(James Webb Young)在他的著作《创意的生成》中传授了创意生成的五大步骤：

（1）资料收集。即使是专家,也不太可能在一开始就能为广告描绘出很好的轮廓,也因此必须专注于背景调查、拜访客户并观察消费者与品牌的互动等。

（2）消化吸收。整理手上的资讯,并从不同的角度去理解,列出特色清单或涂涂写写、或写些短句,总而言之动动你的大脑,这一步骤将会给你一些与创意生成有关的练习,也许能帮助你激发一些创意的火花。

（3）让潜意识为你工作。将广告工作搁在一旁,去散个步、看场电影、投投篮球,做任何能放松心情的事情。Young把这个步骤比作福尔摩斯破解迷案的方法,在案件办理之中,福尔摩斯会拉着华生去看音乐演奏会,这个习惯总会让死脑筋的华生感到相当恼怒,但却能够帮助福尔摩斯破解案子。

（4）创意的诞生。脑袋在装满资讯后,一旦让它得到放松,就会自动涌现创意,而这可能随时随地会发生,随时备好写下那些创意,因为它们会很快出现,也会很快消失。只要创意能被你记下来,无论它是写在碎纸片、餐巾纸,或是你车内仪表板的一粒灰尘上都无所谓。

（5）将创意作最后修正,以符合实际用途。问问你自己,这是一个好的创意吗？它能够解决问题吗？它有没有营销策略上的定位？从该广告上面得到了什么？留下好的印象还是坏的深刻印象？

### 扩展阅读

广告方案的创新来自创意思考。创意思考无法速成,但只要掌握基本技巧,平日多练习应用,功力自会提升。这里提出的基本技巧——加、减、乘、除、移简明易懂、便于记忆(详见表6-1)。

表6-1 创意"五字诀"

| 创意思考基本技巧 | 技巧说明 |
| --- | --- |
| 加 + | 从无到有；增添元素；变大、厚、长、多、强 |
| 减 - | 从有到无；删除元素；变少、薄、短、小、弱 |
| 乘 × | 结合既有的东西；合并、联合、化整为零 |
| 除 ÷ | 切割或分离某个东西或程序 |
| 移 ↗ | 改变方向、位置、时间、程序、情境等 |

资料来源：曾光华.行销企划——逻辑、创意、执行力[J].中国台北：前程文化事业有限公司,2013.

(二) 广告创意的思考方法

1. 表现品牌的利益诉求点

品牌广告的创意应当表现品牌产品的核心层或利益诉求点,即品牌给消费者带来的特殊的利益。因为品牌的利益诉求点是消费者最想了解的。

如,在 Arlistan 咖啡宣传广告中展示的是这么一幅场景:在周末,阳光洒满房间,巨型猫躺在那一动不动(这体型也去不了其他地方),等着主人泡来一杯浓浓的 Arlistan,慵懒地靠在一起享受……关于咖啡的惬意想象,美妙至极!

图 6-9　Arlistan 咖啡宣传广告

"这个冬天,滑滑,泡泡,抱抱。"萌化了,泡咖啡去。

2. 表现品牌产品的特色

品牌广告的创意应当表现品牌产品的特色。品牌产品的特色是消费者识别和记忆品牌的一个重要依据,因此,广告创作策略必须展示产品的主要卖点,即你能够表述出来的你的产品或服务中最强有力的、独一无二的特征。如,SBP 杀虫剂宣传广告利用幽默、拟人化的手法展示了该品牌杀虫剂的威力。广告文案如下:古有卖身葬父,今有吃不饱的青蛙卖身求

图 6-10　SBP 杀虫剂宣传广告

虫……只怪 SBP 杀虫剂太有效了啊！杀虫剂广告多从虫子的角度入手,这回来只青蛙是否眼前一亮?

3. 诉诸品牌情感

品牌广告的创意应当诉诸情感。许多广告从业者和学者认为,产品购买的发生通常是由于情感因素的作用,如果运用适当且产品正确,情感诉求会取得很大的成功。

**小案例**

椰岛鹿龟酒的广告原来侧重介绍这种酒的功能、效果,缺乏情感因素,是"没有灵魂的品牌",后来发现和增加了"父亲"这个因素,使得广告的情感性大大增强,并由此获得很大的成功。

图 6-11　椰岛鹿龟酒宣传广告

4. 瞄准目标市场

品牌广告的创意应当瞄准目标市场。因为品牌广告的一个主要目的是建立品牌定位,而品牌定位的一个要素是确定目标市场或目标消费者。有效的品牌广告首先应当让目标消费者引起注意和产生共鸣。

**小案例**

### 耐克锁定女性市场

在耐克女鞋最初的市场推广上,耐克沿用了销售男性鞋的相同手法,但销售效果不甚理想。因为,在进一步扩展市场占有率时,耐克发现大多数女性并不轻易会对某位体育明星的成功产生浓厚的兴趣,相反她们更注重情感之间的交流。

耐克通过反复研究,把一则宣传广告刊登在了一本深受女性喜爱的生活时尚杂志上。广告的创意方案采用自我审视的方法来揭示女性的内心世界,以女人与女人的"对话"作为主要沟通手段。作品采用对比强烈的黑白画面,背景之上突出展现的是一个个交织在一起的"不"字。广告文字似乎不像是一个体育用品商的销售诉求,而更像一则呼之欲出的女性内心告白:在女性的一生中,有人总认为你这也不能干,那也不能干;有人总说你不够优秀,不够强健,不够天赋;还会说你身高不行,体重不行,体质不行,不会有所作为……这太多太多的"不"字伴随了女性的一生。现在,你要大声说:"不,我能行!"女性要以行动证实女性的价值和自尊。

这则广告充分体现出"耐克"广告的特征:沟通,而非刺激;沟通,而非诉求。如同其他"耐克"广告,这则广告获得了巨大的成功。许多女性顾客打电话来倾诉说:"耐克广告改变了我的一生""我从今以后只买耐克,因为你们理解我"。

5. 适合消费者的文化观念

品牌广告的创意应当适合消费者的文化观念,包括价值观念、审美观念、家庭观念、妇女观念、宗教观念、民族观念、生活习俗和语言环境等。品牌广告往往容易表现品牌主或生产者的文化观念。当生产者的文化观念与消费者矛盾时,品牌广告应服从消费者的文化观念,而淡化生产者的文化观念。因为品牌广告是为树立品牌形象服务的,而品牌形象是消费者对品牌的感知和评价,是消费者导向和受消费者文化观念影响的。

6. 克服负面影响

品牌广告的创意应当避免或克服对品牌的负面影响,即注意夸张有度,尤其注意不做虚假的创意。因为过度夸张尤其虚假创意是违背诚信这一基本的商业道德的,而诚信是区分品牌形象优劣的一个主要分水岭。广告创意中的夸张是一把双刃剑,它既能带来眼球效应,也可能使你名誉扫地。目前,虚假创意的品牌广告时有发生,一旦发生都将给品牌形象带来损失。

### 扩展阅读

## 佳洁士 PS 美白效果被罚 603 万系虚假广告最大罚单

"只需一天,牙齿就真的白了",看了这样的广告之后小伙伴们是不是"Duang"地一下就

图 6-12 佳洁士双效炫白牙膏广告

精神了？2015年3月9日，上海市工商局披露，因构成虚假广告，佳洁士双效炫白牙膏被处罚603万元，这也是我国目前针对虚假违法广告的最大罚单。

"使用佳洁士双效炫白牙膏，只需一天，牙齿真的白了。"看到台湾艺人小S(徐熙娣)作为代言人，在镜头前唇红齿白、巧笑嫣然，你动心了吗？

然而，根据上海市工商局的调查，画面中突出显示的美白效果是后期通过电脑修图软件过度处理生成的，并非牙膏的实际使用效果。这一广告构成虚假广告，已被工商部门依法处以603万元的罚款。

"牙膏的作用一般是清洁，偶尔有防酸或脱敏等功能，美白实际上是很难做到的。"一位业内人士表示，根据国家已经实施的《功效型牙膏标准》，必须出具"功效作用验证报告"才能宣传功效。

专业人士介绍，广告中使用PS技术可以理解，但如果将PS技术过度用于广告标的，就属于违反规定，广告标的必须维持真实性的原则。"例如在汽车广告中，PS蓝天白云好景色是没问题的；但在日化用品广告中，公然对标的物的实际效果造假，就必须付出法律的代价。"

资料来源：腾讯 http://news.qq.com/a/20150309/061486.htm

#### 7. 兑现承诺

品牌广告创意中的承诺应当兑现。如前所述，品牌广告实质上都是品牌承诺。即使不是明示的承诺，也是暗示的承诺。因此，广告创意必须考虑到承诺的兑现，即言行一致的问题。广告创意者必须与品牌管理者沟通，以保证承诺的兑现或改进承诺的设计。许多品牌广告的失败，一个重要的因素就是广告创意与品牌运行之间的不沟通、不协调，说的与做的不一致。而好的品牌广告都做得到承诺的兑现。

> **小案例**
>
> 联邦快递(FedEx)在广告里对邮递服务的质量承诺是快捷、安全，顾客在当天投递的物品保证在第二天送到。FedEx在对顾客的实际服务中兑现了这样的承诺，使顾客感知到FedEx的品牌价值。

图6-13 联邦快递宣传广告

#### 8. 适时而变

品牌广告的创意应当适时而变。因为品牌广告服务于品牌形象，品牌形象虽然具有稳定性，但不等于一成不变。当市场环境和企业战略有重大变化时，品牌形象是有可能调整或改变的，当品牌形象调整时，品牌广告的创意也需要调整。

## 三、广告媒体选择

品牌广告的媒体有下述几种类型:报纸、杂志、电台、电视、户外展示、投递、店铺、网络。每一种媒体都有其优缺点(见表6-2),品牌管理者在选择广告媒体时可以对此加以权衡。

表6-2 广告媒体的优劣势一览表

| 媒体类型 | 优势 | 劣势 |
| --- | --- | --- |
| 报纸 | (1) 内容比较自由<br>(2) 报业竞争激烈,广告主选择余地大<br>(3) 版面充足,信息量丰富<br>(4) 时效性较强<br>(5) 较为便宜 | (1) 受众面小<br>(2) 画面效果差 |
| 杂志 | (1) 专业性强,强化品牌形象<br>(2) 稳定的读者群<br>(3) 产品介绍更为深入<br>(4) 印刷质量好,保存期较长 | (1) 发行量低,阅读率低<br>(2) 发行周期长,时效性差 |
| 广播 | (1) 受众面最大,传播障碍较小<br>(2) 时效性最强<br>(3) 收费比较便宜<br>(4) 运用声音或音乐来增强广告效果 | (1) 电台内容受限制<br>(2) 广告时间短<br>(3) 无形的,缺乏视觉形象 |
| 电视 | (1) 表现手法多种多样,吸引受众<br>(2) 展现效果好,品牌形象生动<br>(3) 与受众接触广而频繁 | (1) 费用高<br>(2) 政府管控,内容受限,时间短 |
| 户外 | (1) 较强的视觉冲击力<br>(2) 展露时间最长<br>(3) 费用比较低 | (1) 文字较少,定位不清晰<br>(2) 创意抽象 |
| 投递 | (1) 有效送达目标受众<br>(2) 与目标受众有交流,产生亲切感 | (1) 缺乏公开性,影响品牌形象<br>(2) 单位成本比较高 |
| 店铺 | (1) 借助零售商(店铺)的品牌形象及其影响力,以增强生产商品牌广告的效果<br>(2) 与同店铺里陈列的产品实物相互映衬,增强了品牌广告的真实性和可靠性 | (1) 同类产品的相互竞争<br>(2) 受零售商约束 |
| 网络 | (1) 具有互动性<br>(2) 可提供最新最丰富的信息<br>(3) 可满足个性化受众的需要<br>(4) 可以跨时空传播信息<br>(5) 成本较低 | (1) 受限于互联网的普及率<br>(2) 网络的虚拟性影响网络广告及品牌的可信性和可靠性 |

## 四、广告代言人

品牌代言人,是指品牌在一定时期内,以契约的形式,指定一个或几个能够代表品牌形象,并展示、宣传品牌形象的人。广告中使用的代言人或推荐人,能迅速塑造广告主形象,使得广告主的品牌名称、形象迅速地成为消费大众记忆的一部分,而达到广告的目的。

### 扩展阅读

平衡理论是由社会心理学家 Fritz Heider 所提出,对于人们认为可能会有所关联的因素,设法维持其关系(或态度)的一致性,该理论主要讨论三角关系的认知平衡。三角形表示平衡理论的三大元素,又称 P-O-X 理论,P 代表自己,O 代表对方,X 是介于 P 与 O 之间的第三者或被观察对象(包括人、事、物或观念),则三者间认知元素可形成一个认知单元,并以正或负来表示两者间的关系,如图 6-14。

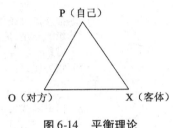

图 6-14 平衡理论

在此认知单元中,存在两种联结关系:

(1)感情上的联结。指的是观察者对另一个人(P 对 O)与对观察物(P 对 X)所存在的正或负面感觉,也就是态度的主要成分。

(2)单位关系。指的是观察者对这两个观察对象 O 与 X 所保持的关联性看法(O 与 X 之间)。

广告中常用明星为代言人,就是希望塑造消费者喜欢 O 明星,而该 O 明星喜欢 X 品牌,所以消费者也喜欢 X 品牌。

广告代言成功的基本条件是,这项品牌产品的品质要符合消费者需求。如果品质有问题,找任何人代言都将失效。广告代言人的分类有四种:名人、专家、公司高层经理、典型消费者。专家的说服力主要来自"专业性",名人说服力主要来自"吸引力"和"知名度",公司高层经理说服力主要来自"专业度",典型消费者说服力主要来自"相似性"。当广告公司要找代言人时,必须考虑代言人本身的形象、个性是否与品牌个性及广告所要沟通的目标对象相契合。

运用广告理性诉求与广告代言人的组合,对消费者的购买意愿、行动,会有较佳的说服效果,并且能提升广告的可信度及专业度。尤其是当消费者对广告代言人有好感,且代言人和产品间紧密结合,而消费者又不排斥该产品时,这种效果最显著,因为一致性的力量,会更加增强消费者对产品的好感。

> **小案例**

美国著名品牌COACH,2008年为亚洲区找来年轻女星Kate Bosworth当代言人。高雅中不失轻松的气质,让人眼睛为之一亮,也提升了COACH的品牌形象。

舒酸定牙膏使用"专业牙医推荐",同时将产品定位在"抗敏感"的诉求上,使得舒酸定牙膏在牙膏市场上异军突起。利用牙医的专业性,提高了产品的可信度,再加上合理的定位,快速获得消费者信赖。

假如消费者原本并不喜欢该产品,但他对广告代言人有好感,此时消费者便处在认知不平衡(或补相称)的状态,不平衡会引起心理焦虑,驱使他改变认知结构,要么降低对代言人的好感,要么增加对产品的好感。如果他选择了后者,这就达到了推荐式广告的目的。但是也有一种情况是,消费者始终关注的是名人,而非品牌,这时代言人就无法帮助品牌实现品牌形象的提升。

> **扩展阅读**

**明星代言虚假广告将被禁三年 承担连带责任**

2015年9月1日起,新《广告法》将正式实施。与旧法相比,"新法"的一大亮点是完善了广告代言制度,尤其对明星代言和未成年人代言进行了严格限定。

"新法"规定,明星对商品、服务作推荐、证明,应当依据事实,不得为未使用过的商品或者未接受过的服务作推荐、证明。如作虚假代言的,3年内将被禁止代言。在关系消费者生命健康的商品或者服务中作虚假广告,造成消费者损害的,广告代言人应当与广告主承担连带责任。

强化对未成年人的保护也是"新法"的一大亮点。包括不能在中小学校、幼儿园内做广告,也不能利用中小学生和幼儿的教材、教辅材料、文具、校车等做广告;不满十周岁的小朋友不能作为代言人。不过,广告中用普通儿童和模特并不违法,判断儿童做代言人是否违法主要看该代言人在广告商家的受众群体中,是否具备一定的影响力。

资料来源:http://report.chinaso.com/detail/20150819/1000200032808661439942933763747716_1.html

## 五、广告语

朗朗上口的广告语,能够凸显品牌的特征,强化品牌形象,在传递品牌个性的同时,也给消费者留下了深刻的印象。好的广告语首先要体现产品卖点,其次要尽量短小精悍,最后美的语言更能打动消费者。

## （一）体现产品核心卖点

卖点（Unique Selling Proposition，USP）是著名营销学家罗斯·里夫斯提出的理论，就是指消费品牌与众不同、独特的消费主张，即任何产品在营销传播中应该有自己独特的卖点主张。如农夫山泉的"有点甜"，娃哈哈的"吃饭就是香"，乐百氏的"27层净化"，燕京啤酒的"释放自我"等。

## （二）短小精悍

广告短小精悍，不仅醒目，还有一个很大的优点就是节省时间和金钱。短小的广告能让读者在短时间的阅听中获取必要的信息，了解广告所介绍的商品。如：

味道好极了！——雀巢咖啡

大宝，天天见！——大宝

Just do it！——NIKE

## （三）语言甜美

文字优美，读来使人心情舒畅，容易接受。广告以理服人，以情动人，诱发消费者的潜在需要与购买欲望，使他们感受到获得这种商品所带来的愉悦与满足。顾客的普遍心理是：消费要物有所值，甚至物超所值。广告中煽情的词语往往会有很强的感召力。如：

一股浓香，一缕温暖！——南方黑芝麻糊

A diamond is forever（钻石恒久远，一颗永流传）！——戴比尔斯钻戒

只溶在口，不溶在手！——M&M巧克力

### 扩展阅读

**20世纪十大广告口号**

| 公司或品牌 | 运动主题 |
| --- | --- |
| （1）戴比尔斯 | 钻石恒久远，一颗永流传 |
| （2）耐克 | 想做就做 |
| （3）可口可乐 | 清新时刻 |
| （4）Miller Lite | 只有好味道，没有啤酒肚 |
| （5）爱维斯 | 我们更加努力 |
| （6）麦斯威尔 | 滴滴香浓，意犹未尽 |
| （7）Wheaties | 早餐冠军 |
| （8）伊卡璐 | 难道她… |
| （9）Morton Salt | 恰逢其时 |
| （10）温迪 | 牛肉哪去了？ |

资料来源：乔治·贝尔奇，迈克尔·贝尔奇.广告与促销[M].张红霞，庞隽译.中国人民大学出版社，2008.

## 任务三 公共关系传播

> **思考案例**
>
> 欧洲可口可乐危机公关
>
> 1999年,可口可乐在比利时的瓶装工厂出现了一次事故。他们将一些受污染的二氧化碳装进了可口可乐瓶中,欧洲消费者(多数在比利时)称饮用了该产品之后感觉不适。可口可乐公司的最初反应是否认其产品存在问题,否认引来了公众强烈的抗议,消费者感到可口可乐当局根本不关心他们的健康和安全。整个欧洲媒体上的文章都断言可口可乐产品对消费者有害。最后,可口可乐的高级管理人员得到此消息后,其公关人员立即着手消除此事对可口可乐的不利影响。公司雇佣了上千个比利时人向杂货店的购物者分发优惠券并可以免费得到1.5升饮料;电视和报纸广告中宣传"你的可口可乐再次归来";海滨派对对数千名青少年开放。这一事故造成了数百万美元的收入损失,如果不是公司快速反应、及时道歉,损失将更惨重。

## 一、公关对品牌形象的优点

公共关系(Public Relations),简称公关,是指企业或品牌主通过新闻报道和对社会公共活动的参与而进行的品牌传播,并由此建立品牌主与公众的互动关系。公关传播有利于提升品牌知名度,而品牌知名度的扩大就是品牌形象的增强和品牌资产的增加。

公关传播对品牌的作用与广告传播相比有4个优点:在信息维度方面,公关传播具有互动性和客观性;在情感维度方面,公关传播有社会性和真诚性。这些优点极大地缩短了品牌与消费者之间的距离,提升了品牌形象,培养了大批忠诚消费者。

(一)互动性加强品牌沟通

广告一般是单向的沟通,而公关是双向甚至多向的沟通。新闻报道通常有舆论反馈,而参与社会公共活动更是直接与公众接触并进行互动交流。因此,公关比广告更能有效地传播品牌信息的内容,提高受众认知品牌的积极性和认知效果。

(二)客观性塑造品牌良好形象

广告有艺术夸张,而且广告是花钱买宣传,其客观性和真实性可能受金钱的影响,而公关传播比较客观和真实。公关新闻的报道是客观的、真实的,因为新闻报道不是艺术,而且在正常的舆论环境下不是花钱买来的。参与社会公共活动所伴随的信息沟通也是比较客观和真实的,因为社会公共活动一般具有公益性,参与社会公共活动的人或企业的言行较少功利性。因此,公共传播比广告能提供更加客观和真实的信息,这对建立品牌的良好形象是有利的。

(三) 社会性树立品牌公民形象

公关的内容一般与社会问题尤其社会热点问题有关。新闻报道的内容是如此,参与的社会公共活动的内容更是如此。公关比广告更能体现和诉诸社会情感,具有更大的社会感召力,这一点显然对增强品牌吸引力,培养品牌动机和态度十分有利。如,劲量公司的国家教育运动鼓励消费者在秋天重新设置他们的闹钟时更换火警警报器的电池。结果,公司树立了强有力的公民形象且电池销量也有所增加。

(四) 真诚性强化品牌忠诚度

公关在信息传播上的客观性,在情感传播上表现为真诚性。公关比广告更真诚,无论是新闻报道诉诸的情感,还是参与社会公共活动中诉诸的情感,都比较真诚。而真诚沟通往往更能打动消费者,获得消费者的认可,并成为企业的忠诚客户群体。

### 扩展阅读

**营销公共关系对营销计划的附加价值**

Segway。这个外观奇怪的机动运输设备推出的时候没有使用广告,但是它通过免费的公共宣传形成了估计有7.58亿个产品价值7 000万美元~8 000万美元的印象。

Wonderbra。在主要市场里除了广告牌几乎没有做更多的广告支持,Wonderbra 对1994年第一款 Wonderbra 的推出大造声势。在落后于两个主要竞争者的情况下,公司依靠大量的公共关系覆盖和媒体大肆宣传来建立品牌意识和为产品推出吸引注意力。这个同样的计划持续了数年,而 Wonderbra 成为了美国头号胸罩专家。

Arbor Mist 酒类公司。在研究了几年的消费者倾向和对酒的品牌偏好之后,公司发现年轻的妇女(相对其他人)对市场上可选择的含酒精的饮料不满意。于是公司把产品定位为"与一种态度告别",并将它作为一种有趣的酒,Arbor Mist 通过葡萄酒节和当地媒体的葡萄酒品尝活动取得了成功。

资料来源:乔治·贝尔奇、迈克尔·贝尔奇.广告与促销.张红霞,庞隽译.北京:中国人民大学出版社,2008.

当然,除了上述优点,品牌公共宣传可能会因为负面宣传而带来不利影响,同时还受到时间安排和准确性的影响。

(1) 时间媒体控制,影响时效性。公共宣传的时间进度并不是企业所能控制的。除非新闻机构认为信息有很高的新闻价值,否则新闻报道的时间控制完全取决于媒体——前提是媒体最终发布这则新闻。这样,信息发布的时间就可能比预期的最佳作用时间来得太早,或是太晚。

(2) 信息传递失真,影响准确性。产生公众效应的一个主要途径就是新闻报道。然而不幸的是,信息在传递中有时会失真——就是说,它不总是以提供者希望的方式被报道,结果就会出现信息不准确、遗漏等错误。

## 二、品牌公关的实施途径

品牌公关实施途径主要有两类:一类是赞助公关,即通过赞助参与社会公共活动,进行宣传报道,并由此提高品牌知名度,树立良好的品牌形象;一类是危机公关,即为化解品牌危机而进行的公关。下面重点介绍赞助公关。

赞助公关按所赞助的对象的性质,又可分为教育公关、文化公关、体育公关、公益公关和慈善公关等。

1. 教育公关

教育公关的具体方式有教育基金、教育基础设施用资(如教学楼、图书馆、实验室等)、奖学金、贫困学生赞助基金、教师奖励基金、教育科研奖励基金、教材出版资助、教育竞赛活动资助等。教育公关的对象有学生、教师、家长、政府机构、与教育有关的社会团体、与教育有关的厂商和服务商,以及其他关心教育的公众。赞助教育能获得很好的社会效益,其中包括品牌形象的提升。教育公关,尤其对职业教育的赞助,还可能为品牌企业提供人力资源上的回报。有的教育公关的对象,可以和目标市场结合起来,从而可以直接从公关投资获得市场效益的回报。

> 小案例

**金宝汤的"为教育集标签"计划**

作为一个长盛不衰的食品品牌,金宝汤推行了30年的"为了教育,收集标签"活动使之建立了自己的草根品牌资产。教育是金宝汤营销活动中长久的主题,保持新鲜感的最佳"调味品"则是不断加入的"刺激元素"。而扩大活动影响力的手段是被金宝汤称为"资产联盟营销"(Equity Alliance Marketing)的合作营销模式,联盟的对象包括零售商、学校、设备制造商等与消费者接触的各个环节。

金宝汤(Campbell Soup)的整合营销副总裁Terry Atkins开心地发现,他的妈妈到他家里来看望他时,将家里所有的金宝汤易拉罐上的标签小心地撕下来。这是她为Terry Atkins的小外甥准备的,只要集齐一定数量的标签,消费者就可以换取相当价值的文具和其他娱乐用品。

这就是金宝汤推行了30年的"为了教育,收集标签"(Labels for Education,简称LFE)活动。据统计,22%的美国家庭参与了LFE活动,其中44%的家庭有6到12岁的儿童。Terry Atkins和LFE项目总监Anne Pizarro认为经过多年的经营,LFE已经形成了一个非常庞大的网络,正是这种"奶奶因素"帮助金宝汤建立了自己的草根品牌资产。

资料来源:http://finance.sina.com.cn/jygl/20041013/21351077422.shtml

## 2. 文化公关

许多品牌企业也十分重视文化公关,文化公关的具体方式有文化基金、文化基础设施捐资(如剧场、公共博物馆、公共图书馆等)、文化奖励基金、文化遗产保护基金、文艺竞赛活动资助、艺术家培养基金等。

**小案例**

### 法国轩尼诗酒的文化公关

法国轩尼诗酒在中国积极开展文化公关。轩尼诗资助的文化领域主要是电影艺术方面。轩尼诗设立了一年一度的"轩尼诗创新与成就奖",用以奖励对发展中国电影艺术有杰出贡献的艺术家。轩尼诗公司在1995年世界电影发展100周年和中国电影发展90周年之际,出资举办"轩尼诗电影修复研讨会",邀请了美国好莱坞电影专家,帮助修复中国经典影片。赞助中国电影的发展,是轩尼诗以"酒文化"为中心的文化公关战略的一个组成部分。

图 6-15　轩尼诗宣传广告

## 3. 体育公关

体育公关越来越成为许多品牌公关尤其是名牌公关的首选,原因在于:第一,体育运动对社会的影响越来越大,而且这种影响越来越具有国际性;第二,体育运动具有最天然和最强烈的竞争性,这种特征正好与商业品牌的竞争性相吻合,换言之,品牌竞争可以通过体育公关得到很好的实战模拟;第三,商业品牌可以通过体育公关找到比较理想的品牌代言人,即在理念、气质和性格等多方面与品牌比较接近的体育明星。对许多名牌跨国公司来说,体育公关已经是全球化品牌战略的一个组成部分。

> **小案例**

### 吉列的体育情缘

全球化的业务无疑带来了全球的市场,吉列公司曾在美国借助"体育系列"节目成功地打动了美国男人,顺利打开了美国的市场,那么体育能不能帮忙吉列也一样地打动整个世界的男人呢?事实证明,通过一系列的体育赞助活动,吉列公司不断地提升自己的品牌价值,成为世界上顶尖的品牌,也成为各项体育赛事的老牌赞助商,如从1970年首次参与世界杯足球赛,到1982年西班牙世界杯赛后就成为指定赞助商,是世界杯足球赛迄今为止最长期的合作者之一。

4. 公益和慈善公关

社会公益和慈善事业也是品牌公关大有可为的一个领域。公益和慈善行为最为崇高,最容易获得社会认同。品牌通过公益和慈善公关可以最有效地提升品牌形象,而且效果具有长期性。

> **小案例**

### 公益营销的生命树

约克茶是一家名为哈罗门市贝蒂和泰勒的英国公司销售得最好的一项产品。这家公司资助了大量植树计划,以此来防止水土流失和森林覆盖面积下降。它在全世界范围内种的树超过100万棵,尤其是在那些为它种植茶叶的发展中国家。在新千年的庆典上,约克茶举行了一个套餐促销活动,鼓励消费者从套餐中收集礼券。消费者每返回6张礼券,公司就向植树项目捐赠1英镑。

促销礼券被放到800万包约克茶中,有6万名消费者返回了礼券。这笔钱帮助Oxfam——与约克茶联合进行公益营销活动的一个植树非营利组织——在发展中国家种了120万棵树。捐赠金额达到了贝蒂和泰勒公司税后利润的2%。公司的销售与营销经理指出,这个活动提高了约克茶的声誉,并且使它与有环保意识的消费者建立了一种长期的关系。同时"我们知道(我们的客户)会觉得购买我们公司的产品买得值"。

资料来源:特伦斯·A.辛普.整合营销传播.廉晓红译.北京:北京大学出版社,2005.

5. 危机公关

品牌危机,是指由于组织内外部突发原因造成的、始料不及的对品牌形象的损害和品牌价值的降低,以及由此导致的使组织陷入困难和危险的状态。品牌危机的形式多种多样,主要有经营危机、形象危机、信誉危机、文化危机、质量危机、服务危机等。这些危机经过新闻舆论发酵,会迅速蔓延,无疑将影响企业品牌在社会公众中的形象,处理不好就可能导致后果严重的品牌危机。因此,公司必须正视负面的新闻报道,而不能否认或者回避。对负面的新闻舆论做出迅速积极的反应是非常重要的,可以降低造成的损害,包括公众对公司信心的丧失,销售额和利润的重大损失等。

> **小案例**

### "华旗"倒旗

一个曾被誉为"中国果茶第一杆旗帜"的"华旗",于1993年夏天停产、关门了。1993年4月16日,技术监督部门委托杂志社等单位举办新闻发布会,旨在宣传优质果茶,公布质量检查结果,因为华旗没有参加而未予发布,结果,社会上误认为"华旗"是不合格产品,一时间,退货如潮,仅两个月功夫,"华旗"便倒旗了。

但美国洛克希德·马丁公司前任CEO奥古斯丁说:"每一次危机的本身,既包含着导致失败的根源,也孕育着成功的种子。"英特尔公司前总裁兼CEO格洛夫说:"优秀的企业安度危机,平庸的企业在危机中消亡,只有伟大的企业在危机中发展自己。因此如果企业能正确应对品牌危机,不仅可以实现转危为安,甚至可以创造新的辉煌。

> **小案例**

### 泰诺危机公关

1982年,7位芝加哥人服用了泰诺胶囊之后死于氰化物中毒。许多分析家预测,泰诺不可能重新获得之前的市场份额。有些评论员甚至认为,强生不可能再用泰诺的品牌经销任何产品了。

但强生近乎完美地处理了泰诺危机。强生没有否认问题的存在,迅速地从零售商货架上撤下泰诺。公司发言人在电视上提醒消费者不能服用泰诺胶囊。公司还制作了一档验证产品被篡改的节目,为其他公司提供了借鉴。作为最后一项慈善的举动,强生免费为消费者替换了他们在芝加哥悲剧发生之后丢弃的产品。在这项活动后,泰诺迅速地重新获得了市场份额。

> **扩展阅读**

### 品牌危机处理的基本原则

**1. 主动性原则**

品牌危机发生后,品牌危机管理人员要正视危机,积极主动地采取措施,不断监测情况的发展与变化,并根据其变化情况迅速调整品牌危机管理计划,调配人员、物力及设备,尽可能在极短的时间内控制局势的发展。不应回避或被动性应付品牌危机,更不应在营销危机发生后,先急于追究责任,或者向公众辩解自身行为。这样只会导致企业内部人心涣散,公众尤其是受害者对企业行为更为不齿,使得品牌危机一发不可收拾。

2. 及时性原则

品牌危机处理与善后管理的目的在于,尽最大努力控制事态的恶化和蔓延,把因品牌危机造成的有形损失和无形损失减少到最低程度,并在最短的时间内重塑或挽回企业的良好形象和声誉,重新恢复公众对企业的信任。因而,品牌危机一旦发生,企业就应迅速作出反应,立即启用品牌危机处理计划,调动包括品牌危机管理人员在内的所有员工投入到紧张的营销危机处理与善后工作中。在品牌危机的处理与善后过程中,赢得时间就等于赢得了企业的盛名、赢得了企业的形象和公众的信任。

3. 诚意性原则

在企业的经营管理活动中,公众利益是其最高利益所在。企业在品牌危机管理过程中,应坚持诚意性原则,始终将公众利益置于首位。品牌危机发生后,企业应首选从公众的角度来考虑问题,及时并真诚地向受害者表示歉意,必要时通过有影响力的媒体向公众道歉,以缓和企业与公众的矛盾,获取公众和舆论的广泛理解与同情,并在一定程度上变品牌危机为企业重新获取公众信任、恢复和提升品牌知名度与美誉度的机遇。

4. 真实性原则

品牌危机爆发后,企业应主动向公众说明事实真相,尤其在与媒体沟通时,不仅应及时传递品牌危机发展与品牌危机处理的有关信息,还应注意信息的客观性与准确性,不刻意忽略或隐瞒有关事实,以免误导公众,使公众与媒体的疑惑和恐惧增加,对企业产生不信任感,延长品牌危机的影响时间。

5. 全面性原则

品牌危机对企业的影响是全面的、全方位的。首先,品牌危机不仅涉及企业的员工,同时也影响了外部公众和外部营销环境。其次,品牌危机给企业造成了有形的价值损失和无形的形象损失。最后,品牌危机不仅阻碍了企业目标的实现,也影响了企业的可持续发展。因而,在处理品牌危机和善后时,企业应把握全面性原则,注意处理方式与善后措施的全面性,兼顾各方利益,在处理品牌危机的同时,尽力维持企业的生产和经营,以使企业短期目标与长期目标均不受到较大影响。

6. 协同性原则

品牌危机管理关系到企业价值链的各环节、各部门,只有统一指挥各方行动、有序进行、分工负责、协同合作,才能使企业对外解释与宣传统一,处理与善后行动步骤一致。任何无序的行为只会造成更大的混乱,使品牌危机局势恶化。

## 任务四 新型传播方式

☞ 思考案例

### "Flying Pie"的口碑营销

美国有家比萨店,叫"Flying Pie",它的官方网站破破烂烂,充满大大小小的字体,眼花缭乱,可它竟然能推出很有趣的在线营销方案,已经默默推行了好几年,城里的每个人都默默地知道了,你相信吗?

这个极成功的在线营销方案叫"It's Your Day",它以自身的经历证明不必做太多的内容,也可以利用网络达到传播效应。每天 Flying Pie 都会喊出一个"名

图6-16　Flying Pie 宣传广告

字",例如 2 月 16 日是"Ross",2 月 19 日是"Joey",他们邀请五位名叫这个名字的幸运民众,让他们当天下午 2 点到 4 点或晚上 8 点到 10 点,来他们的厨房制作自己免费的比萨,还拍一张照片发到网上。

接下来,Flying Pie 在网站上会每周公布新一周的名字,使人常常回来看这个列表。如果你看到你朋友的名字,欢迎告诉他,然后叫他过来。

Flying Pie 其精妙之处在于将目标客户群体织成一张网,通过口口相传让客户带着客户来。

其一,大多数比萨店常常举办折扣促销与礼品赠送,投入不小,却不稀奇,无法引起客户兴趣,而 Flying Pie 每天邀请无名幸运客户来店里亲手制作一份比萨,让他们体会参与的快乐,还拍照上网与他人分享,让他们感受别人羡慕的目光,自然更受欢迎,或许可以称之为"体验式营销"。

其二,其实人们并不一定真要去领免费比萨,但他们依然会为自己被选为幸运客户,并被大家所知晓感到兴奋,达到"口碑营销"的效果。

其三,Flying Pie 并未在家自顾自地选择幸运客户,而是让已被选中的幸运客户来提供自己朋友的名字,经由投票选出,最后,Flying Pie 所赢得的不再是最初的某个人,而是他背后的整个朋友圈子。

资料来源:卢松松博客 http://lusongsong.com/reed/426.html

## 一、口碑营销

口碑(word-of-mouth,WOM)就是面对面的口口相传。由于我们是从认识的人那里获得这些信息的,口碑就比从一般市场渠道获得的建议更值得信赖。大量研究认为,口碑传播是市场中最强大的控制力之一。口碑被营销人士视为当今世界最廉价的信息传播工具和高可信度的宣传媒介。

当消费者不熟悉某类产品时,口碑作用尤其显著。当新产品上市或产品的技术复杂时,降低购买不确定性的方法之一就是谈论它。

（一）品牌口碑传播原理

1. 口碑传播的影响

图6-17 漫画"口碑"

口碑传播具有高度的说服力,因而具有高影响力。因为对于更正式或有组织的信息来源,比如广告而言,消费者在购买决策中经常更多地依靠非正式的或人际传播的信息来源。

消费者转换品牌更多是受口碑传播的影响,而非广告的影响,前者的影响力是后者的2倍。在促使消费者态度由否定、中立到肯定的转变过程中,口碑传播所起的作用则是广告的9倍。

但是口碑对营销人员来说是一把双刃剑,消费者之间非正式的言论可能使一种商品或一家商店一举成功,也可能使其一败涂地。而且,与正面评论相比,消费者更重视负面口碑(negative word-of-mouth)。美国白宫消费者事务处办公室的一项研究显示,对一家公司不满的消费者有90%不会再和这家公司打交道,这些人通常会把自己的委屈至少告诉另外9个人,而这些不满的消费者中有13%会把不愉快的经历继续告诉超过30个人(Solonon,2009)。

**小案例**

一个专门供人抱怨唐金甜甜圈连锁店的网站变得十分流行,使得唐金公司只好把网站买下来,以控制对该公司的不利影响。这个网站起因于原来的老板对唐金公司的不满,因为他在购买咖啡时不能加脱脂牛奶。

2. 口碑传播的原理

口碑传播简单来说,就是一个网状节点效应。从一张网的任意一个小节点出发,向外扩散,都可以到达网络的另外一个节点,依次传播开去,就可以布满整个网络。

而且,这个传播过程的特点是:随着时间的推移,传播的速度越来越快、传播的范围越来越广、传播的空间越来越大,就是说它的传播效应是与时间成正比的。

(二)品牌口碑传播方式

品牌口碑传播可以采取多种方式。根据企业与外在环境之间的关系,可以对其进行优良组合,使得口碑传播对品牌的塑造发挥最大的优势。

1. 直接口碑

企业直接向消费者传达口碑内涵,由于经过的中间层次少,往往更能使自己所欲传达的口碑内涵得到真实的流传;但是企业可能需要很长的时间才能在众多的目标群体中获得尽量广泛的口碑。

2. 间接口碑

企业通过渠道成员、意见领袖乃至媒体等多个环节达成口碑,也是一种非常常用的方式,但与上述途径相对应的是,里面充满着许多难以控制的影响口碑内涵的要素。

3. 营造媒体口碑

企业通过媒体达成口碑效应,也是一种很常见的现象,但是与硬性广告、软文、虚拟或真实的消费体验证言等形式相对应的是,媒体往往被企业当做了一个被动的传播者,而忽视了自己能使它们主动采写报道进行传播的可能。

(三)品牌口碑传播的方法

企业所努力传达的所有口碑内涵都必须与自己某阶段所要达成的口碑目标相关,而不是随心所欲和无关的。这要求企业重视自己的产品及品牌在某阶段的诉求主线条,并且以此来提炼出自己所要传达的口碑内涵以及掌握好"坚持就是胜利"和动态调整求发展的度。口碑塑造方法如表6-3所示。

表6-3 口碑塑造方法表

| 序 列 | 口碑塑造方法表 |
| --- | --- |
| 1 | 与企业身边无论大小之媒体的财经版、社会新闻版、消费前沿版等相关版面的记者交朋友,了解他们所撰拟稿件的内容规律、在各阶段所关注的新闻焦点 |
| 2 | 挖掘自己与新闻热点相关的口碑内涵成分,有意识地以"投其所好"提供新闻线索或者积极配合的受采访人身份,进入媒体视野 |
| 3 | 让自己提供的产品(服务)理念、对待消费者的态度以及实际举措、自己与顾客发生的小故事、自己及员工资助失学儿童、献血、公共卫生等好人好事,自己对某些新闻热点的看法、自己有关知识产权方面的维权内容,作为素材进入媒体报道的内容 |
| 4 | 不要忘记收集来自消费者的故事,发动消费者或者以消费者的身份向媒体表示感谢与表扬自己 |
| 5 | 企业通过借助外力和助手达成口碑。这个办法不常用,但是它的使用价值却是不可低估的 |

### 扩展阅读

游击营销(guerrilla marketing)就是在非正规地点利用口碑来促销的策略。如,Amaretto di Saronno 公司为了炒热旗下"蓝色混沌(blucaos)"酒,让它成为年轻人的最爱,于是成立了"突击队"到新新人类最爱驻足的酒吧里,大声吹口哨并扯开喉咙大喊"混沌(chaos)"。这一喊先行打响产品名号,接下来公司趁热推出玩具球、T恤、杯子和刺青图案贴纸。该公司希望这群身穿蓝色连身服的突击队员能炒热气氛,很快地吸引消费者跟进,随着那声叫喊点瓶蓝色混沌酒试试味道。另外,还有穿着滑轮鞋的突击队员会上街发送刺青贴纸。等这些活动积累了一定口碑,在目标消费族群心目中占得一席之地后,来年该公司再顺势推出平面广告。

#### (四)管理消费者的口碑

口碑是在消费者之间进行的流传,企业一定要主动出击,把握管理好消费者的口碑,在不断的口碑传播中避免负面消息,塑造品牌良好形象。

以下三个环节是相辅相成的,只要把这几点做好,消费者的口碑就能够得到相应的管理,为推动品牌形象奠定雄厚的基础。

1. 提高产品和服务质量

产品和服务质量测评一般采用五个维度:有形性、可靠性、响应性、安全性和移情性。企业应该提升这几个维度达到让消费者满意为止。

### 扩展阅读

#### 服务质量的评价指标

1. 有形性

有形性是指服务被感知的部分,如提供服务用的各种设施等。由于服务的本质是一种行为过程,而不是某种实物形态,因而具有不可感知的特征。因此,客户正是借助这些有形的、可见的部分来把握服务的实质。有形部分提供了有关服务质量本身的线索,同时也直接影响到客户对服务质量的感知。

2. 可靠性

可靠性是指服务供应者准确无误地完成所承诺的服务。客户认可的可靠性是最重要的质量指标,它与核心服务密切相关。许多以优质服务著称的服务企业,正是通过强化可靠性来建立自己的声誉的。

可靠性要求避免服务过程中的失误,如果企业在向客户提供服务的过程中,因某种原因而出现差错的话,不仅会给企业造成直接的经济损失,而且更重要的是会损害企业的形象,使企业失去潜在的客户,而这种损失是无法估计的。

### 3. 响应性

响应性主要指反应能力,即随时准备为顾客提供快捷、有效的服务。对客户的各项要求能否予以及时满足,表明企业的服务导向,即是否把客户利益放在第一位。服务传递的效率是企业服务质量的一个重要反映,客户往往非常重视等候服务时间的长短,并将其作为衡量服务质量好坏的一个重要标准。因此,企业应尽可能缩短让客户等待的时间,提高服务传递的效率。

### 4. 安全性

安全性是指服务人员良好的服务态度和胜任工作的能力,增强客户对企业服务质量的信心和安全感。服务人员良好的的服务态度会使客户感到心情愉快,自然会影响客户的主观感受,从而影响客户对服务质量的评价。服务人员具备渊博的专业知识,能够胜任服务的工作,会使客户对企业及其提供的产品产生信心,并对获得满意的服务感到愉快。

### 5. 移情性

移情性是指企业和客服人员能设身处地为客户着想,努力满足客户的要求。这便要求客服人员有一种投入的精神,想客户之所想,急客户之所需,了解客户的实际需要乃至特殊需要,千方百计予以满足,给予客户充分的关心和体贴,使服务过程充满人情味,这便是移情性的体现。

### 2. 控制传播者

通过提高产品和服务质量,运用广告宣传等有目的的设计,使口碑信息被消费者了解并且得到。而在口碑传播中,通常可以在传播的渠道方面把消费者划分为口碑传播者和口碑接受者,企业要特别重视对口碑传播者的宣传与反馈,要与其进行有效沟通。

### 3. 制造"马太效应"

"马太效应"表现为,强者更强,弱者更弱。企业通过对自身服务和传播者的控制,已经制造了一定程度的良好口碑,但是更加重要的是要把这种口碑广泛地传播开来。

## 二、体验营销

21世纪是"体验导向"的时代,消费者除要求多元化的产品和高品质的服务外,他们更注重消费过程中个人与商品、品牌及环境所产生的互动,包括在感官、情感、心智和心灵上的全部体验。一个成功的品牌不但要强调其功能价值,也要具备打动消费者的体验价值。

### (一) 品牌体验营销概述

#### 1. 体验营销内涵

根据伯德·施密特(Bernd H. Schmitt)博士在《体验营销》一书中的定义,体验营销就是企业以商品为道具,以服务为舞台,围绕着顾客创造出值得回忆的活动。它是站在消费者感官、情感、思考、行动和关联五个方面重新定义、设计营销。它关注顾客的所有消费行为以及他们在消费前、消费中、消费后的体验,它自始至终都把为顾客提供令其身在其中,并且难以忘怀的体验作为主要目标。

菲利普·科特勒认为:体验营销正是通过让顾客体验产品、确认价值、促成信赖后自动贴近该产品,成为忠诚的客户。体验营销不把体验当作一种无定形的、可有可无的东西,而是将其作为一种真实的经济提供物,作为一种有别于产品和服务的价值载体。体验营销从传统的卖产品和服务转变为卖体验,从重视功能与质量转变为重视顾客的感性需求。

2. 体验营销特征

(1) 关注点是"顾客体验"。体验营销关注顾客的体验,它重视与顾客的沟通,发掘他们内心的体验需求,以向顾客提供良好的体验为目标,审视自己的产品和服务。

(2) 顾客是"理性+感性"。体验营销认为顾客既是理性的,同时也是感性的。顾客因理智和追求乐趣、刺激等一时冲动而产生购买行为的概率是相同的。

(3) 考察对象是"消费场景"。和专注于狭隘定义的产品类别和竞争相比较,体验营销从业者不考虑具体某一产品,相反,他们考虑的是这个产品的"使用氛围",从而创造协同效应,把产品以及系列产品的体验结合在一起。

(4) 方法和工具是"多元化"。和传统营销分析性强的、定量的以及处理语言信息的方法相比,体验营销者采用的方法和工具比较多而且多元化。

### 扩展阅读

传统营销关注客观事实,以设计驱动的、理性和分析的观点看待消费者、产品和竞争,也就是说传统营销的存在需要很多前提假设。传统营销的特征如下:

第一,关注功能特色和益处。传统营销很大程度上关注功能性特点和益处。传统营销从业者假设各种市场上(工业、消费者、技术和服务)的消费者(企业顾客和最终消费者)都是根据对于他们的重要性来衡量功能特色,评价产品特征,并选择具有最高整体效用(即权重特征的总和)的产品。

第二,对于产品类别和竞争定义比较狭隘。对于传统的营销从业者而言,竞争基本上发生在范围比较窄的产品类别中——产品和品牌经理的战场。

第三,消费者被看成是理性决策者。20世纪以来,经济学家、决策学家和营销从业者都把消费者的决策过程看作是直截了当的问题解决过程。典型的识别过程包括:识别需求、寻找信息、评价可供选择的产品、购买和消费。

第四,采用分析、定量和处理语言信息的方法。主要方法包括:回归模型、定位图和组合分析。

(二) 品牌体验营销的类型

1. 感官体验

感官体验最主要的目的是,创造人们的五感体验,刺激购买动机。根据日本的一项研究,人类感官知觉中,87%是由视觉系统所接收的,其次为听觉7%、触觉3%、嗅觉2%与味觉1%。因此身体的感官知觉,会因为周围环境不同,而产生不同的讯息,大脑会将所接收到的讯息,转换为反应与结果。

> **小案例**

**香港海洋公园全方位感官体验**

视觉——公园内珍贵的自然界动物和海洋生物百态；

嗅觉——海洋的气味和动物的自然体味；

听觉——海豚的独特歌声；

触觉——亲身喂饲及轻抚这些可爱的海洋动物。

2. 行动体验

实质身体体验，包括互动、生活形态、非语言行为、自我认知、行为修正及合理的行动，致力为顾客创造惊喜。如，香港海洋公园推出的"豚聚一刻"，可让游客于水中亲身拥抱可爱活泼的海豚，而"荣誉大小熊猫管理员"则能让游客亲身走进熊猫的居所，近距离了解它们的生活。

3. 情感体验

情感体验最主要的目的是，强调消费者在体验过程中内在真实的情感与情绪。在接触和互动的过程中产生的情感是最强烈的，并且这种情感随着时间而不断发展。主要的方式有面对面互动交流、情感广告的使用等。

> **小案例**

OpenRice 不但是一个提供饮食资讯的搜寻网，更是一个让消费者与别人互动，分享食评的网上平台。OpenRice 成功地将自己由一个销售产品、销售服务的企业，转化成为一个销售体验、销售连结的品牌。而消费者也从一个在 OpenRice 网上寻找资讯的消费者转化为一个在 OpenRice 网上提供及分享餐饮经验的产消者，身兼消费者及生产者的共同角色，这让 OpenRice 所提供的餐饮资讯更丰富、更多元化及更具公信力。

4. 思考体验

这是用创意的方式，使消费者惊奇，以诱发并刺激消费者通过思考，体会品牌的精神。因此必须先了解到，参与此体验的消费者其知识结构及情感兴趣，然后有针对性地结合文字、声音、语言等创意，去刺激消费者的感受，进而使其对商品产生不一样的体验。

> **小案例**

在芝加哥欧海尔机场的标准停车场，每一层车库都播放具有标志性特色的音乐，并在墙上挂着当地体育明星的画像——这层楼是芝加哥公牛队（Bulls），那层楼是芝加哥白袜队

(White Sox),等等,就像一位当地人所说的:"你永远也忘不了在那儿停车的感觉。"

5. 关联体验

这是让个体在体验后,能深刻地将品牌与社会产生关联。设计这种体验的重点,是让消费者体验到这个品牌不只对消费者有意义,而且对整个社会、国家都有意义。关联体验主要包括:社会角色、血缘关系、文化价值观、群体成员、品牌传播、社会身份、社会分类、社会影响等。

**小案例**

Starbucks将咖啡馆变成到处存在,与生活形态息息相关。创办人Howard Schultz将Starbucks塑造成人们除了家庭和公司之外的"第三个好去处"。扩大店面,请乐队演奏助兴,让客人能在此悠闲地与他人互动。

还将咖啡香味带上飞机、餐厅、旅馆、超级市场等等。为扩大零售项目及提供第三空间,除了贩卖咖啡豆、咖啡粉及咖啡蛋卷、咖啡相关器具及有关书籍外,兼卖T恤、马克杯、手表、节庆布偶、节庆蛋糕以及CD。将原本专卖烘培咖啡豆转型成为具有欧式风格的咖啡馆,吸引广大客源,并重新塑造了美国优质的咖啡文化。

Starbucks的特色是以忠诚的员工服务高度忠诚的客户。Starbucks有十分之一的客户一天上门消费2次,从零售环境、非传统的广告政策到昂贵的咖啡,卖的不是咖啡,更重要的是气氛,所以花费很大心思在营造一种新兴的咖啡文化与气氛,任何可以提升气氛的都可以卖,创造体验营销。

(三)体验营销设计

Pine&Gilmore在《体验经济》一书中,认为企业应经常思考能为顾客提供什么特殊的体验,而设计出吸引人的体验活动。体验设计的步骤,可以归纳为下列五项:

1. 设定主题

体验如果没有主题,顾客就抓不到主轴,很难产生体验感受,也就无法留下长久的记忆。主题要非常简单、吸引人,使顾客愿意去体验。伯德·施密特(Bernd H. Schmitt)和亚历克斯·西蒙森(Alex Simonson)在《大市场美学》(Marketing Aesthetics)一书中,提出9个可能找到主题的"领域",分别是历史、宗教、时尚、政治、心理学、哲学、实体世界、流行文化和艺术。

**小案例**

### 迪士尼体验主题

迪士尼的想法很简单:这将是人们发现快乐和知识的地方。

这将是父母和子女分享快乐时光的地方,是老师和学生找到更好的方式相互了解、进行教育的地方。老一代在这里能捕捉到值得怀念的流逝岁月,年轻一代在这里尝试着挑战未来的滋味。

2. 塑造印象

主题只是基础,还要塑造印象,才能创造体验。塑造印象要靠正面的线索,每个线索都需经过调和,而与主题一致。顾客不同的印象,形成不同的体验。明尼苏达州布隆明顿市体验工程公司的总裁路易斯·卡邦(Lewis Carbone)将线索分为"机械学"和"人性学",也可称为无生命的和有生命的,前者的"视觉、嗅觉、味觉、听觉、触觉是由各种物体——如风景、图像、香味、音乐、手感等产生的",后者的"发出主体是人,它们规范了员工在与顾客接触时应有的行为"。

> **小案例**

连锁咖啡店西雅图极品咖啡(Barista Brava)的创始人乔治哈罗普(George Harrop),为加盟店打出醒目的广告标语:"我们经营的是顾客体验,咖啡只是我们所在的产业!"他强调的主题"旧式意大利咖啡店与美国快速生活步调的结合"主导了整个设计,咖啡店的内部装潢体现着古老的韵味,去掉与主题不符的招牌或做法后,精雕细琢的瓷砖和柜台布置同样能引领顾客自动排队。在舒适的环境中,敏捷的服务给顾客留下了不可抹灭的印象。除此之外,哈罗普鼓励员工熟悉顾客的面孔,记住老顾客的喜好,立刻送上。

3. 去除负面线索

由于所有的线索都应该设计得与主题一致,所以其他与主题相抵触,或是造成干扰的资讯,都要排除,以免减损顾客的体验。如,为避免与主题不符,迪士尼主题公园的人员总是兢兢业业地扮演他们的角色,只有在下班后,在游客到不了的地方,他们才会自由交谈。

4. 配合加入纪念品

纪念品让回忆跟着消费者走,能唤醒消费者的体验。如,每当游客看到在海洋公园购买的海豚公仔、在迪士尼购买的米奇玩偶时,总会回忆起那些让人难以忘怀的体验。

5. 动员五种感官刺激

感官刺激应该支持并增强主题,所涉及的感官刺激越多,设计的体验就越容易成功。

> **小案例**

### 雨林咖啡厅的五官刺激

进入雨林咖啡厅,首先会听到嘶嘶嘶的声音,然后见到雾从岩石上升起,掠过皮肤时有轻柔凉爽的感觉,最后,你会闻到热带雨林特有的清新气味。

图 6-18 雨林咖啡厅

最后,体验设计一定要让消费者体验大于期望。让消费者败兴而归,是失败的体验设计。消费者体验＞消费者期望→惊艳、惊喜→消费者满意度高,反之,体验＜消费者期望→沮丧、感觉被骗→消费者满意度低。

（四）流行的品牌体验

1. 娱乐体验

娱乐体验指的是,品牌企业主动提供给消费者感官的讯息,如观赏花海、魔术表演、杂技、动物表演等。如,一些农场让游客采摘当地的农作物、品尝当地的特色餐、参与当地传统农村休闲活动等。

2. 教育体验

教育体验是结合教育与娱乐的体验,以满足个人求知欲望并增广见闻,且能寓教于乐。如,参观白酒制作工艺流程、农场生态解说、农产品加工制作等。

3. 超越体验

例如主题公园、虚拟太空游戏、神话人物扮演等,让消费者以更主动的方式参与、融入情境,甚至成为体验活动中的成员。

小案例

2010 年,小米创办人雷军,同另外 7 位能独当一面的硬软件工程师及工业设计高手,在短短 4 年间搭建了一个 5 000 万米聊(MIUI)粉丝的手机社群平台,在这里交流手机使用技巧心得,了解小米最新动态,参与活动互动。从虚拟到现实世界,小米用尽各种方式,培养出一大批忠实追随者。他们从产品设计开始就广邀发烧友参与,每周更新米聊操作界面;设专职人员负责挖出每则发表于网上的消费者投诉,在 15 分钟内妥善处理。此外,小米每月举办两场爆米花节,吃喝玩乐,应有尽有,总能吸引粉丝不远千里参加。

#### 4. 美学体验

这是以观赏日出景致、季节变化无穷的云海、山岚等景象为主,参观艺术创造为辅的体验,让消费者在美的体验中,留下深刻印象。

## 项目总结

推广策略对于品牌的运作而言是点睛之笔,再好的品牌不能有效推广就无法获得消费者的认可。推广的方法非常多,在实际运作中应结合产品的特性,选择合适的策略。

### 一、简答题

1. 包装对品牌推广的作用有哪些?
2. 广告对品牌推广的作用有哪些?
3. 广告创意的方法有哪些?
4. 公关对品牌推广的作用有哪些?
5. 公关危机的应对原则有哪些?
6. 公共推广的方法有哪些?
7. 口碑的推广类型有哪些?
8. 体验营销的特征是什么?
9. 体验营销的类型有哪些?

### 二、案例分析

**案例一:盼盼食品"多元化"营销 成功塑造品牌形象**

**体育赞助展现社会责任**

2010年南非世界杯期间,包括搜狐、华西都市报、海峡都市报等22家国内主流媒体组成的南非世界杯中国记者团50多名记者获得由盼盼食品统一赞助的服装,同时也为他们提供了一定数额的安全事件应急资金。盼盼食品赞助中国记者团,不仅树立了盼盼食品的品牌形象,体现了企业的社会责任,更是让更多的消费者在收看世界杯的同时深入了解了盼盼食品。

**电视广告助力盼盼食品成长**

为全面配合盼盼新品——盼盼法式小面包的推广,盼盼食品集团斥资邀请当红明星蒋雯丽作为代言人,并在全国数家卫视进行密集式的广告轰炸,一段朗朗上口的"法式小面包,还是盼盼好"广告语,让盼盼法式小面包深入人心。

**影视"植入式"盼盼尝甜头**

盼盼食品把旗下几款主打产品深度植入《手机》的剧情中,与演员相得益彰地再现了现实社会中小人物痛并快乐着的奋斗史,给整部电视剧带来了一种鲜活的真实感。通过与剧情环境的高度融合,盼盼与消费者建立了一种共融性的品牌体系,在不打扰受众的同时,化解其防御,渗透其心智。

**游戏联合推广,锁定年轻消费者**

在与《手机》合作取得成功后,盼盼食品又把眼光投向了网络游戏。盼盼食品与盛大网络公司最新开发的游戏《龙之谷》签约合作,将盼盼食品的主打产品,如盼盼法式小面包、盼盼法式蓉香包、艾比利薯片等植入到游戏的场景和道具中,对年轻的游戏玩家进行"潜伏式"传播。

资料来源:焙友之家 http://www.cakeok.cn/2010/0715/35109.html

结合所学知识,分析盼盼食品运用了哪些推广策略?

**案例二:多美滋行贿门**

2013年9月16日,央视报道称,为抢占市场,包括多美滋在内的不少奶粉企业贿赂医生和护士,让医院给初生婴儿喂自家品牌的奶粉,让孩子产生对某种奶粉的依赖,达到长期牟利的目的。多美滋"贿赂"医生护士的方式有多种:奶粉厂家每个月会向一些妇产科医生及向产妇成功推荐奶粉的护士打款;邀请专家讲课,医生、护士听课,厂家以"赞助费"、"车马费"形式给医生护士送钱;给新开医院提供装修等。报道还公布了多美滋给医护人员的打款明细。

9月17日下午5点左右,多美滋发声明表示:"对中央电视台关于多美滋在天津一些医院推广奶粉的报道,多美滋中国表示非常震惊和重视。我们将立即就此事件展开调查。多美滋婴幼儿食品有限公司严格遵循中国的法律法规,包括《母乳代用品销售管理办法》,并为此设立了严格的管理制度。如有违法,我们将采取严厉的惩罚措施。"

9月22日,央视《东方时空》报道称,知情人士再度向央视记者提供了多美滋公司各区销售人员之间的邮件往来。据粗略统计,该公司仅今年4月就向北京、辽宁、吉林、河北、天津、内蒙古、黑龙江等北区的7省区医务人员打款50万元,而包括北区在内,多美滋公司在我国一共有6个大区。此外,在多美滋公司2013年前5个月的销售情况表中,单独有一栏"纯医务增长"(在医院由医生完成的销量),以今年2月为例,该增长率在各省份均超过10%,个别更是接近60%。

9月23日晚,针对被曝行贿7省区医务人员细节,深陷"贿赂门"的知名奶粉企业多美滋公司发表声明,称多美滋非常重视央视的报道,已于数日前启动了事件调查。现在调查尚在进行中,结果或将于10月1日前公布。

10月17日,多美滋的调查报告称:央视报道的内容与多美滋赞助的一个妇幼健康教育项目有关。该项目是多美滋与专业医学组织共同举办,目的在于提高妇幼健康保健水平。

"多美滋公司的内部政策一向强调支持母乳喂养,并要求所有行为必须符合中国政府的规定",多美滋称,"令人遗憾的是,我们的调查发现,尽管该项目总体执行情况良好,但是在项目的具体执行中,由于管理不力,出现了一些有悖项目初衷、违反公司政策的行为。对此,多美滋公司深表歉意。"多美滋表示,公司有着严格的规定,绝不姑息任何不合规的行为。因此公司立即采取了行动,彻底纠正上述错误。

对于具体措施,多美滋表示主要包括三个方面:首先,立即全面中止该妇幼健康教育项目在所有地区的执行。其次,多美滋中国公司领导层对此事件负有领导责任,公司将根据有关规定进行处理,包括任命新的高级管理人员负责处理相关事务。另外,多美滋表示,已决定对全国范围内所有员工开展合规培训,以确保所有行为完全符合公司和相应的政策规定。"这一专项培训将在三个月内完成。同时,我们将进一步加强内部管理和监督机制,杜绝此类事件的再次发生。"

同时,天津方面也公布了调查结果,2011年以来,全市85家医疗卫生机构的116人受多美滋公司委托,以向新生儿和婴幼儿家长授课、发放宣传材料、推介免费使用多美滋奶粉、提供相关信息等方式,违规接受多美滋数额不等的钱款。随后,对116人违规接受的钱款全部予以收缴,对13名问题比较严重的违纪违规人员予以处理。

资料来源:品牌网 http://www.globrand.com/2014/576986.shtml

问题:请运用危机处理原则评价多美滋公司的做法。

# 项目七

# 品牌评估

 引导案例

### 可口可乐品牌价值评估

《金融世界》于1993年开始对可可乐品牌价值进行估算,测得当时可口可乐品牌家族全球年销售额约为90亿美元。根据咨询家和饮料业专家的估计,可口可乐的运营边际约为30%,从而得出可口可乐品牌的营业利润为27亿美元。

虽然可口可乐延伸产业装瓶和分销系统还产生了约270亿美元的收入和30亿美元的营业利润,但这些数字并不反映直接由"可口可乐"增加的价值,因而在计算可口可乐品牌价值时被排除在外。

至于相应的与产品相关的利润,《金融世界》又从上述营业利润中推导出了一个数量,该数量与基本的或无品牌产品预计收入相等。为了进行这项工作,在一些分析家计算的基础上假定:每产生1美元的销售额,平均需投入60美分生产资本——通常略高于净资产、厂房、设备加上净运营资金;《金融世界》从而计算出,可口可乐所需生产资本为54亿美元。又假定一个无品牌的同样产品在扣除通胀因素后,能得到5%的净投资回报率。所以,从27亿营业利润中扣除所用资金2.7亿美元,即得出仅属于品牌名称的利润。

经调整后得出的利润数是24.3亿美元,再经税收调整后剩下的数字16.70亿美元,即被视为与品牌相关的净利润。最后的数字还要根据品牌强度加以调整。

品牌强度是依内部品牌公司的定义和7个因素计算得出的。根据英特尔品牌集团的方法,品牌强度乘数为6~20。可口可乐公司获得了最高乘数,从而得出品牌价值为334亿美元。1996年,该数字上升到434亿美元,可口可乐成为《金融世界》评出的价值第二的品牌。

知识目标

1. 了解品牌资产内涵；
2. 掌握品牌价值评估的方法。

能力目标

能够为企业进行品牌价值评估。

任务分解

任务一：品牌资产分析
任务二：品牌价值评估

## 任务一　品牌资产分析

### 思考案例

九力营销顾问公司在北京市8个区对鲜奶消费者的品牌行为进行调查，调查结果如下：

——品牌知晓度：三元鲜奶的知晓度遥遥领先于其他品牌。从性别看，女性对光明的知晓度相对高于男性。从年龄看，高年龄群体对三元和蒙牛的知晓度要略高于低年龄段群体；低年龄段群体则对伊利的认知度相对较高。

——品牌美誉度：总体上，三元的市场美誉度最高，55.7%的消费者认为三元是最好的鲜奶品牌；其次是蒙牛，有26.8%的消费者认为蒙牛是最好的鲜奶品牌。

——品牌忠诚度：三元的再次购买率有所下降，三元有将近20%的客户流向了蒙牛，伊利和光明也分别有42.9%和16.7%的客户流向了蒙牛。

——品牌市场占有率：三元占69.1%，领先于其他品牌；蒙牛占8.7%，为其次。从细分市场看，三元和伊利在年轻群体的份额要高于其他年龄段。

对鲜奶消费者品牌行为的调查及其结果，属于品牌评估的内容。品牌评估是品牌资产评估的简称。

## 一、品牌资产的概念

品牌资产(又称品牌权益)在很多地方都会有不同的解释,有的人认为品牌资产代表了品牌强度和品牌价值,有的人认为品牌资产是一种成功的方案活动所创造的金钱价值,也有人认为品牌资产是某人是否愿意继续购买你的品牌的意愿。在众多的解释中,我们比较倾向于 Aaker(2001)的解释,即品牌资产是与品牌、品牌名称和标志相联系,能够增加或减少企业所销售产品或服务的价值的一系列资产与负债。

在项目一中我们涉及到了品牌识别,品牌识别与品牌资产的关系如何呢?Upshaw(2000)认为,品牌资产是整体性的,可将其分为品牌价值和品牌识别两个部分,其中品牌价值主要指品牌的财务性质的资产。

### 扩展阅读

品牌资产按存在的状态可分两类:潜在品牌资产和实在品牌资产。潜在品牌资产,是指消费者对品牌刺激的心理回应,如引例中消费者对鲜奶品牌的知晓度、美誉度和忠诚度等。心理回应是潜在的资产,即心理回应将来可以变成市场行为(或品牌购买),而一旦付诸市场现实,潜在的品牌资产就转化为实在的品牌资产。实在品牌资产,是指消费者对品牌刺激的心理回应所产生的市场效益,也就是品牌的货币价值。因此,品牌资产评估按资产的存在状态也可分两类:潜在品牌资产评估和实在品牌资产评估,前者就是对消费者对品牌刺激的心理回应的评估,简称消费者品牌心理评估,后者就是品牌价值评估。从操作上看,消费者品牌心理评估,实际上就是消费者品牌心理调查,如引导案例中对鲜奶消费者品牌知晓度、美誉度和忠诚度的评估就是对这些品牌心理的调查。这里,心理"调查"与心理"评估"是同义的,但比心理"评估"更能体现潜在品牌资产的特点,也更有操作意义。事实上,潜在品牌资产的特点不在企业内部,而在企业外部——在消费者那里。如果说对内部资产的盘点叫"评估",那么,对外部资产的盘点最好叫"调查"。

品牌资产对一个企业而言,不仅仅是获利来源,更是市场竞争的武器,目的在于赢得消费者对该企业的信赖、互动,并持续性产生购买行为。所以企业要建立品牌,首先就要先了解品牌资产,并且要了解品牌资产该如何维护。

## 二、品牌资产的构成

基于上述 Aaker(2001)的解释,我们探讨关于品牌资产的内容,我们将从消费者的观点来探讨品牌资产。Aaker 的品牌资产构成如图7-1所示。

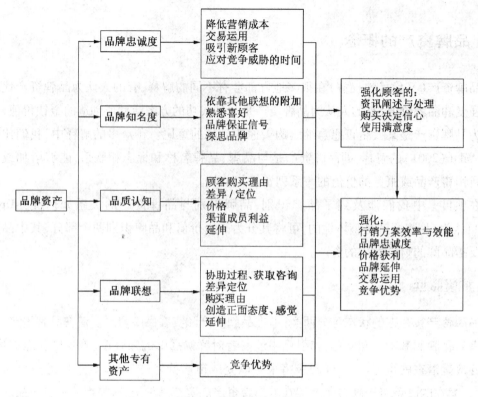

图 7-1 品牌资产构成图

从图 7-1 可以看出,影响品牌资产的内容包含品牌忠诚度、品牌知名度、品质认知、品牌联想以及其他专有资产,其中品牌忠诚度能降低营销成本,也可以吸引新顾客,甚至可以延长回应竞争威胁的时间,因此忠诚度越高,品牌资产效益越大。而品牌知名度则能够提供品质保证信号,并且可以延长消费者或顾客的深思与考虑时间。至于品质认知方面,品质认知好的厂商能提供消费者或顾客购买的理由,更能在实际市场中建立差异与心理定位。至于品牌联想方面,则可以协助在选择过程中获取资讯,并且透过广告创造证明态度与感受。最后,其他专属的品牌资产方面,可以提供资本密集的竞争优势。品牌资产因素互动关系如图 7-2 所示。

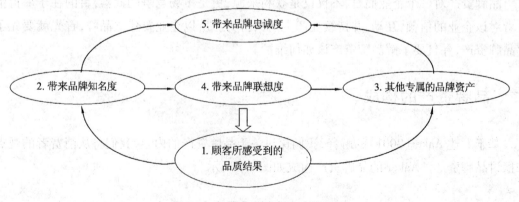

图 7-2 品牌资产因素互动关系图

## (一)品牌知名度

品牌知名度是对品牌认识的先决条件,是一种潜藏在消费者脑海中的能力,能够辨认出及回想起商品归属的类型、熟悉感、实体与成立的讯号(杨滨灿等,2010)。

品牌知名度在消费决策中起着非常重要的作用,主要取决于以下三个要素:

(1)消费者在做购买决策时,会考虑该品牌是不是具有预期的可接受性及安全性。

(2)具有高价值的品牌知名度能够影响消费者选择品牌的态度。

(3)在品牌形象关联度与强度组成的影响下,品牌知名度能够影响消费者的决策。

品牌知名度的建立至少要有两个目的,一是让消费者辨识及记得产品,二是要和产品类别产生联想。对于一个知名度不高的品牌,要如何才能建立与提升品牌的知名度呢?

(1)要让品牌知名度达到一定水准、一定份量的市场占有率是必须的,否则除非另辟蹊径,不然要成功建立知名度会有困难。

(2)必须运用视觉及口碑传播来强化品牌品名,以及增强品牌要素。

(3)运用一致性且具有广大范围的沟通渠道提升品牌知名度。

(4)运用事件营销、举办活动、参与公益活动等非传统方式推广品牌。

(5)运用品牌延伸,将品牌应用在不同品类的产品或是不间断推出新品,有助于品牌知名度的提升。

## (二)品牌忠诚度

品牌忠诚度是品牌资产的核心部分,是用来衡量消费者重复性的多寡,以及是否偏好特定品牌而拒绝购买其他替代品的程度,同时也反映出消费者购买同一公司、品牌及产品品项的可能性。

具有品牌忠诚度的品牌可以降低营销成本、吸引新顾客;有时间应对竞争者的威胁;可获得零售渠道业者的较大支持。

品牌忠诚度的建立和维持,并非一蹴而就,建立品牌只是一个开始,还必须要持续地了解消费者、品牌与公司三个方面的各种关系变化,积极运用价格、促销、售后服务以及客户关系管理系统等,来持续有效地维系顾客关系并赢得品牌忠诚度。如,苹果能成功培养品牌忠诚度,在于它能坚持多项清晰的品牌理念,更重要的是,它能兑现承诺而不让顾客失望。

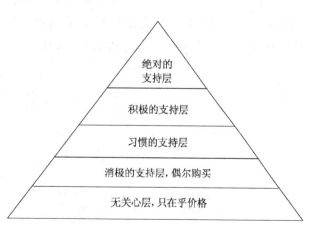

图 7-3　品牌忠诚度金字塔

> **扩展阅读**

2012年6月28日,贝恩公司联合Kantar Worldpanel发布的2012年消费者购物行为报告显示,超60%的中国消费者号称购物最重要因素是品牌,但实际却拥有"多品牌偏好",大多时候在不断尝试,品牌忠诚度极为有限。

贝恩之前的研究显示,超过60%的中国消费者声称购物时最重要的考虑因素是品牌,但这份调查却发现,在快消领域中,尽管中国人钟爱品牌,但是并不会固守于一个品牌,往往是不断尝试,因此品牌的忠诚度很难建立。

Kantar Worldpanel中国区总经理虞坚介绍称,当中国消费者购买某个品类产品的频率增加时,他们倾向于尝试更多的品牌,也就是说,在同样的消费需求下,消费者一般是"三心二意"的。

这份研究发现,一般中国消费者购物时会在3到4个品牌间徘徊,各个品类的领导品牌并不拥有更高的重复购买率,也不会让购物者花更多钱。事实上,一年内,三成以上消费者选购领导品牌的次数仅仅只有一次。比如,在饼干品类中,一般的消费者每年购买6到7个品牌,而高频率的消费者(某一品类购买频率最高的前20%购买者)则每年会购买高达10到11个品牌。

对于这些消费者"多品牌偏好"行为,这份报告建议,企业不要花太多精力试图让消费者忠于某品牌,而是通过店内营销活动引导、线上活动线下活动互补提高知名度,集中在目标区域建立适当市场规模再有序扩张等举措来销售。

不过,也有例外。这份调查显示,中国人表现出"品牌忠诚"时的少数对象是婴儿配方奶粉、婴儿纸尿片、啤酒、牛奶、碳酸饮料和口香糖这几个品类。

(三)品质认知

所谓的品质认知是指消费者购物前的预期和购物使用后两者之间的差距。Zeithaml(1988)认为消费者的品质认知形成,是先透过产品的属性来产生属性的认知,再由产品属性的认知汇总成品质认知,其过程如图7-4所示。

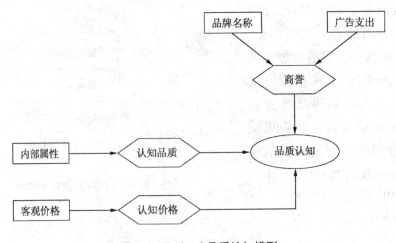

图7-4 Zeithaml品质认知模型

1. 消费者利用产品的属性来推论品质

产品的属性分为内在属性及外在属性,消费者利用两种属性作为推论品质的"信号"。而且在所有的产品属性中,只有一个或少数几个属性,会被消费者用来推论品质。

(1) 内在属性。也称为内部属性,即产品品质的实体属性,是产品的实际组成成分。如大小、形态、性能、颜色、耐久性等。内在属性是组成产品的实际成分,因此会随产品不同而改变。

(2) 外在属性。也称为客观属性,即与产品相关,但不是产品实体,其中以价格、品牌名称、广告程度三者为消费者最常选用的客观属性,客观属性并不会因产品不同而改变。

2. 消费者通过内部及客观属性来产生产品属性的认知

消费者先利用收集到的产品属性作为推论品质的信号,接着就产生更高层次、更抽象的属性认知,而内在与外在属性所产生的认知也有所不同,分别如下:

(1) 抽象构面。由内在属性所产生的属性认知,Zeithaml称为抽象构面。消费者面对不同的产品时,虽采用不同的内在属性来推论品质,但由内在属性所产生的认知,却存在着跨产品类别的共同性。

(2) 客观构面。客观构面所产生的认知有两方面,一是由客观价格所产生的"认知价格",二是由品牌名称、广告程度所产生的"商誉"。外在属性并非随着产品不同而改变,因此,外在属性会产生跨品牌、产品类别的共同性。

(四) 品牌联想

品牌联想是指人们通过记忆的反射,连结到与品牌相关的所有事物,也就是品牌在消费者心中的能见度,当消费者想到某一个品牌时,他们所能联想到的内容,而这些内容就是所谓的品牌联想。例如,想到奔驰,大家就想到三交叉标志,还想到了尊贵、稳重、耐用、科技等概念,甚至只要想到高级汽车就会想到奔驰;如,麦当劳在消费者心目中的连结就是金色拱门、麦当劳叔叔等,这些形象传递出欢乐、干净、快速、儿童等信息,只要想到快餐汉堡,就会联想到麦当劳。

品牌联想可分为三个层次:属性、利益与态度。

(1) 品牌属性:包括可描述产品或服务的特征,即其产品实体与服务绩效,又可分为内在属性和外在属性(详见认知品质部分)。

(2) 品牌利益:利益代表产品特性给消费者带来的满足,是特殊的消费者价值。利益可分为功能性、经验性和象征性等三种利益。

功能性利益是指产品内在特性,通常与较低水平的需求联结。如消费者喝了矿泉水之后,解决了口渴的生理需要。

经验性利益联结产品特性,是有关使用产品后的感觉。如消费者玩了过山车之后,感觉到非常刺激。

象征性利益联结高水平需求,是消费者使用后所获得的外在利益,如社会认同、自尊需求、身份地位等。如消费者开了劳斯莱斯之后,所感受到的身份的尊贵。

(3) 品牌态度:是消费者对产品服务信念的总体评价。

### 扩展阅读

**品牌联想的类型**

品牌联想可以归纳为以下几种类型：

1. 产品属性：产品是属于简单型，还是耐用型？如，BMW车子的卓越性能。
2. 产品等级：产品是高等级，还是一般级或是低等级？如，歌帝梵（Godiva）巧克力是比利时皇家御用品牌。
3. 消费者利益：究竟该产品有哪些方面符合消费者的利益？如，洗发水可使头发健康、亮丽、柔顺。
4. 相对价格：价格是属于高价位，还是低价位？如，雷克萨斯的高端定价。
5. 使用对象：产品使用的对象是女性，还是男性？如，奔驰的使用者是富有的。
6. 使用方式：产品是直接使用，还是要组合使用？或是要加热后才能使用？不同的使用方式会产生品牌上的联想。
7. 生活方式：是属于忙碌生活的产品？还是休闲式的产品？

（五）其他专属品牌资产

其他专属的品牌资产是为了完整性而设置的，通常重要性不强（Aaker，1992）。然而一个品牌背后的专有资产，如专利、注册商标以及与渠道业者的关系等，对品牌资产有很大的影响，因为这些专有的资产可以有效地防止竞争者侵蚀公司的核心顾客（Aaker，1991）。因此，为求品牌资产来源的完整性，必须列入。如，英特尔的CPU因为有多项专利与注册商标，不但能避免竞争者的直接对抗，还能以补助营销费用来要求每家电脑厂商贴上Intel Inside的标签。

## 任务二 品牌价值评估

**思考案例**

2015年6月16日，北京，世界品牌实验室（World Brand Lab）主办的"世界品牌大会"上发布了2015年（第十二届）《中国500最具价值品牌》排行榜。在这份基于财务、消费者行为和品牌强度分析而获得的中国品牌国家队阵容中，工商银行以2 615.76亿元的品牌价值荣登本年度最具价值品牌榜首。占据榜单前五名的还有国家电网（2 508.18亿元）、中国移动通信（1 862.55亿元）、华为（1 825.96亿元）、中国人寿（1 822.72亿元），这些品牌已经迈进世界级品牌阵营。

表 7-1  2015 年《中国 500 最具价值品牌》前 10 名

| 排名 | 品牌名称 | 品牌拥有机构 | 品牌价值（亿元） | 主营行业 |
|---|---|---|---|---|
| 1 | 工商银行 | 中国工商银行股份有限公司 | 2 615.76 | 金融 |
| 2 | 国家电网 | 国家电网公司 | 2 508.18 | 能源 |
| 3 | 中国移动通信 | 中国移动通信集团公司 | 1 862.55 | 通信服务 |
| 4 | 华为 | 华为技术有限公司 | 1 825.96 | 信息技术 |
| 5 | 中国人寿 | 中国人寿保险(集团)公司 | 1 822.72 | 金融 |
| 6 | CCTV | 中国中央电视台 | 1 809.16 | 文化传媒 |
| 7 | 中化 | 中国中化集团公司 | 1 516.56 | 能源 |
| 8 | 海尔 | 海尔集团 | 1 475.59 | 家用电器 |
| 9 | 中国一汽 | 中国第一汽车集团公司 | 1 362.79 | 汽车 |
| 10 | 中国石油 | 中国石油天然气集团公司 | 1 352.17 | 石油 |

资料来源：世界品牌实验室 http://www.worldbrandlab.com/

在惊叹于品牌价值数值如此之大的同时，读者不禁要问为何要进行品牌评价？以上品牌价值如何而来？本任务就此答疑解惑。

## 一、评价品牌的理由

最初，评价品牌是起因于企业为状况不佳的资产负债表采取的防御措施。很快地，大家认识到品牌确实有其重要价值。大卫·阿诺(David Arnold)在其《品牌保姆手册》一书中分析了品牌评价对公司的好处。

（一）对资产负债表的利益

资产负债表仍是银行贷款、股市交易的依据。将品牌资产化，可以使公司资产负债表的结构更健全。最明显的影响是公司的贷款比例因此大幅降低，显示公司资产的担保较好，银行才敢贷给较大的款项。

（二）金融市场资讯

品牌评价的价值之二便是对金融市场的价值有较正确的看法，这可提高投资者的交易效率。

（三）将品牌当作分开的财务个体

将品牌从公司的其他资产中分出来，当作可以交易的财务个体的做法，有日渐增加的趋势。很明显，这有利于合资事业的发展，如加盟、产品线延伸等。另外，品牌可当作借贷担保的情形也越来越普遍。

（四）管理资讯

虽然品牌评价始自资产负债表的调整，但对营销人员和管理阶层来说，在评估过程中所得到的资料却极具价值。很多公司从未同时对旗下品牌做广泛的评估,因此品牌评价便成为很重要的演练。

品牌评价必须评估品牌的获利率及未来的获利潜力。

确认品牌的利润后,便可详细地比较各个品牌;唯有了解品牌所代表的意义及其未来可能产生的利润,才能做出明智的品牌策略。对于拥有竞争性品牌的公司,则可根据各品牌策略可能创造的价值,协助公司做更好的资源分配。通过目前的品牌价值分析,决定是否要将营销资源平均分配给各品牌,或短期内仅集中支援主要的一两个品牌。

(五) 内部管理的利益

品牌评价还有一个为人忽视的利益,品牌祖师史蒂芬·金提过:"我认为赋予品牌价值最重要的理由是为了彰显公司;向公司外的人(如分析家、持股者、记者、政府)传达公司品牌的健康状态和发展,肯定品牌是公司长期的发展目标。但更重要的是让公司内部所有阶层的员工了解,也是公司领导者用来激励员工,帮助员工了解公司理念的众多讯号之一。"

## 二、品牌价值衡量模式

(一) 以财务为基础的衡量模式

1. 成本法

该方法又称为"重置成本法",基本原理是重建或重置被评估的品牌资产的成本,即在购买一项品牌资产时,所愿意支付的价格不会超过建造同一项所构资产相同的替代品所需要的成本。换言之,基于成本法,品牌的价值就等于在现有的市场、技术条件下,重新开发一个同样的品牌所需要的成本。

成本法的计算公式:

$$被评估品牌的资产价值 = 重置成本 - 累积的有形及无形性贬值$$

成本法是目前国际上公认的资产评估最基本的方法之一,具有一定的科学性和可行性,能同时反映"通货膨胀"和"过时贬值"这两个因素,并且能比较准确地反映品牌资产的实际成本。如果收购该品牌的目的在于其未来收益的潜能,那么重置成本就是一个很重要的因素。然而,成本法在应用上有一定的局限性,最主要是无形性、陈旧的贬值很抽象,往往涉及现实和未来、内部和外部许多难以估量的各种影响因素,而且有时会很容易记漏一些在市场上很难找到交易参考的无形成本和资产。

2. 收益法

这是一个以"财务"和"市场"双重角度为基础的方法;品牌的价值是建构于这个品牌在未来能获取的总收益的现值,是一种预期效用的理论,以收益现值来作为衡量资产评估价格的计量标准。当中需要考虑会影响未来收益的各种市场要素,例如品牌的延伸能力、行业前景、市场业绩及竞争力、品牌对市场的影响力等,而可以用来反映收入的指标就包括销售额、利润、市场占有率等。国际上著名的品牌收益评价方法有 Interbrand 品牌咨询公司、Financial World 杂志和 BrandZ 品牌资产资料库等的计算方法,它们都很注重反映品牌的市场业绩和市场竞争力。

## 扩展阅读

品牌咨询公司 Interbrand 隶属于 Omnicom 公司,1974 年创办于伦敦,创办时名为 Novamark,其创办者约翰·墨菲曾任职于 Dunlop 公司。Interbrand 如今发展成为一家综合性服务品牌咨询公司,在全球 25 个国家拥有 40 个办事处。Interbrand 每年联手《商业周刊》发布"全球最佳品牌 100 强"。

BrandZ 最具价值全球化品牌 100 强排行榜是由 Millward Brown Optimor 公司为 WPP 旗下运营公司执行的研究项目,2009 年是研究进行的第四个年头。由于它每年都会考虑来自 20 多个国家的消费者和 B2B 客户的观点,因此它是独一无二的。BrandZTM 测量了全球数千个"面向消费者"和"面向企业"的品牌的价值,并且访问了超过 1 百万的全球消费者。

收益法的计算公式:

$$品牌价值 = 品牌净利润 \times 品牌价值乘数$$

其中,品牌净利润是衡量品牌总价值的基础。品牌净利润是一个动态的短中期指标。在短中期品牌强度不变的条件下,品牌净利润的升降决定着品牌总价值的升降。

品牌价值乘数是决定品牌总价值的另一个指标,是中长期和战略性指标。按《金融世界》和 Interband 集团设计的模型,品牌价值乘数的取值范围是 6 ~ 20。品牌价值乘数又称品牌强度乘数或品牌强度系数,它是由品牌强度所决定的一个乘数,它和品牌强度之间的关系服从正态分布,呈一条生长曲线(S 形曲线)。利用这条曲线,可以由品牌强度来确定品牌价值乘数。如,某品牌的强度打分为 80 分,该品牌的价值乘数就约为 19(详见图 7-5)。

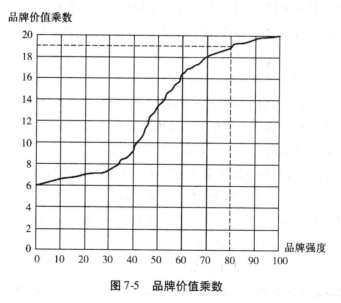

图 7-5　品牌价值乘数

品牌强度的核算,往往要从领导作用、稳定性、市场、国际化、趋势、支持、保护等七个方面进行评估(详见表7-3)。

表7-3 品牌强度的核算

| 因素 | 衡量指标 | 权重(%) | 取值范围(分) | 备注 |
|---|---|---|---|---|
| 领导作用 | 市场占有率、市场认知度和垄断性竞争优势 | 25 | 0~100 | 最重要 |
| 稳定性 | 形象一致性、忠实的顾客群、抗风险能力 | 15 | 0~100 | |
| 市场 | 增长潜力、市场需求波动 | 10 | 0~100 | |
| 国际性 | 国际市场占有率、市场认知度和声望 | 25 | 0~100 | 最重要 |
| 趋势 | 潮流敏感性、适应消费者变化能力 | 10 | 0~100 | |
| 支持 | 传播投资和密度,有较强的营销支持 | 10 | 0~100 | |
| 保护 | 受法律保护及法律诉讼能力 | 5 | 0~100 | |

**小案例**

以《金融世界》对1991—1992会计年度万宝路品牌的估价为例,说明收益法公式的运用。

1. 估算品牌净利润

品牌净利润的估算程序如下:

第1步,调查万宝路产品全年在全球的销售额为154亿美元。

第2步,计算万宝路产品的税前营业利润。

品牌产品税前营业利润 = 销售额 × 营业利润率

其中,万宝路的营业利润率,是根据咨询人员和烟草行业专家及参考竞争对手的数据加以确定的,这个利润率为22%。因此,万宝路的税前营业利润估算为34亿美元。

$$154 \times 22\% = 34(亿美元)$$

第3步,计算万宝路品牌的税前营业利润。

品牌税前营业利润 = 品牌产品税前营业利润 - 正常生产投资的回报

正常生产投资的回报 = 正常生产投资 × 正常投资回报率

根据专家分析,在与品牌因素无关的正常条件下,每产出1美元的销售额需要投入0.6美元的生产资本,据此,可以计算万宝路正常的生产投资应当为92.4亿美元。

$$154 \times 0.6 = 92.4(亿美元)$$

同时,根据专家的判断,烟草行业正常的投资回报率为5%。由此,可以计算万宝路产品正常的生产投资的回报是4.62亿美元。

$$92.4 \times 5\% = 4.62(亿美元)$$

这部分利润不是品牌创造的,应当在品牌产品税前利润中加以扣除,因此万宝路品牌真正创造的税前营业利润不是前述34亿美元,而是29.38亿美元。

$$34 - 4.62 = 29.38(亿美元)$$

第4步,计算万宝路品牌的税后利润(净利润)。

$$品牌税后利润 = 品牌税的营业利润 \times (1 - 税率)$$

烟草的税率是43%,由此可以估算万宝路品牌的税后利润(净利润)为17美元。

$$29.38 \times (1 - 43\%) = 16.75 \approx 17(亿美元)$$

2. 确定品牌价值乘数

根据以上论述,可以评估万宝路的品牌强度和品牌价值乘数。万宝路在美国拥有最大的市场占有率;有很长的历史和受用户喜欢的"西部牛仔"形象;市场稳定;国际市场规模巨大,是国际知名度最大的10个品牌之一;广泛开展体育公关传播活动。因此,万宝路品牌强度的打分应在80分以上,品牌价值乘数可定为19。

3. 品牌估价

万宝路的品牌净利润为17亿美元,品牌价值乘数是19,因此,"万宝路"的品牌价位估计为323亿美元。

$$17 \times 19 = 323(亿美元)$$

资料来源:亿维网 http://www.yeewe.com/view/14994.html#5

3. 市场法

市场法又称市场比较法或交易案例比较法,是国际公认的另一种常用的资产评估方法。该方法是根据市场上相同或相近的品牌资产的价格,来确定某品牌资产的市场价格。该方法是以存在着活跃、公平的品牌买卖交易市场为前提,通过市场调查,并选择若干与评估对象相同或类似的已交易品牌资产作为参照物,将参照物与评估物进行对比分析和调整差异,最后对参照物已交易价格修正并得出评估物的评估市场价值。

其基本公式可概括为:

$$品牌的市场评估价值 = 调整差异后参照物资产的现行市场平均值$$

相对于成本法和收益法,市场法的评估原理比较直接和简单易懂,而评估结果较易被认可和接受,所以在品牌评估实务中比较常用。

### 扩展阅读

Interbrand 最佳全球绿色品牌研究,以企业内部(品牌绩效)与外部资料(消费者认知),衡量绿色品牌,由公司治理、利害关系人参与、生产作业、供应链、运输与仓储物流、产品与服务等6大类、82个指标组成。2014年全球最佳绿色品牌如表7-4所示。参照表7-4,运用市场法可得出 Interbrand 的2014全球企业品牌价值排行榜前10名如表7-5所示。

表 7-4　Interbrand 2014 全球最佳绿色品牌前 10 名

| 排　名 | 品　牌 | 排　名 | 品　牌 |
|---|---|---|---|
| 1 | 福特(Ford) | 6 | 诺基亚(Nokia) |
| 2 | 丰田(Toyata) | 7 | 索尼(SONY) |
| 3 | 本田(Honda) | 8 | 阿迪达斯(Adidas) |
| 4 | 日产(Nissan) | 9 | 达能(Danone) |
| 5 | 松下(Panasonic) | 10 | 戴尔(Dell) |

表 7-5　Interbrand 2014 全球企业品牌价值排行榜前 10 名

| 排　名 | 品　牌 | 排　名 | 品　牌 |
|---|---|---|---|
| 1 | 苹果(Apple) | 6 | 通用(GE) |
| 2 | 谷歌(Google) | 7 | 三星(Samsung) |
| 3 | 可口可乐(Coca-cola) | 8 | 丰田(Toyota) |
| 4 | IBM | 9 | 麦当劳(McDonald) |
| 5 | 微软(Microsoft) | 10 | 奔驰(Benz) |

将表 7-4 与表 7-5 进行比较,请问你发现了什么问题?

(二)以消费者为基础的衡量模式

1. 直接评估法

直接评估法即是从市场营销范畴内直接找出与该品牌概念相关的各个项目,并计算其历史成本、购置或开发等的原始价值,以此进行估价及推算出该品牌资产的价值。以美国一些估价公司为例,它们认为品牌无形资产的估算清单应起码包括以下详细项目(见表7-6):

表 7-6　品牌无形资产的估算清单

| 市场资产 | 商　号 | 顾客名单 |
|---|---|---|
| 特许经营权 | 包装 | 货物上架空间 |
| 非专利技术 | 存货 | 专有技术 |
| 分销网络 | 专利 | 供应合同 |
| 生产性资产 | 商誉 | 经营秘密 |
| 员工 | 版权 | 金融资产 |
| 新产品开发 | 配方 | 优惠融资 |
| 解雇率 | 软体 | 核心存款 |
| 超额年金机会 | 资料库 | 租赁权 |

2. 品牌资产衡量法

该方法以消费者概念为品牌评价的指标,消费者概念的例子有消费者对品牌的态度、行为、认知、认同、购买欲望等,主张品牌的价值主要体现于品牌与消费者关系的程度,把消费者看作是形成品牌资产的焦点。美国著名的品牌专家 David Aaker 教授提出了"品牌资产10要素",是一组分为五个主题以衡量品牌资产或价值的指标,简述如表7-7。

表7-7 品牌资产10要素

| 主　题 | 十要素指标 |
| --- | --- |
| 1. 品牌忠诚度的衡量 | (1) 溢价:顾客愿意为某品牌的产品支付高于其他企业同类产品的差价 |
|  | (2) 顾客满意度:用来衡量顾客对于特定品牌的忠诚度 |
| 2. 衡量感知品质的领导性 | (3) 感知品质:消费者对于某一个相关品牌品质的感知度 |
|  | (4) 品牌的领导地位:品牌在同类产品中是最畅销的,很受欢迎 |
| 3. 品牌联想或差异化的衡量 | (5) 感知价值:给顾客的感知价值必须超过竞争对手所提供的价值 |
|  | (6) 品牌个性:富人格化的品牌能否将企业与消费者联系起来 |
|  | (7) 公司组织的联想:积极联想和消极的事情联系一起,该品牌是否与其他优秀品牌合作等 |
| 4. 品牌知名度的衡量 | (8) 品牌知名度:消费者对于某品牌的知晓和认知程度 |
| 5. 市场行为的衡量 | (9) 市场份额 |
|  | (10) 市场价格和分销网络 |

3. 营销效率评估法

Deborah Macinnis 教授和 C·Whan Park 教授认为,即使从市场营销的角度入手,品牌价值的计量也可以是非常具体的,不应受制于一些难以量化的无形资产如消费者的感知等,建议像评估其他财务变量一样来评估品牌资产的价值。因此,他们提出了"营销效率"这个概念,来综合品牌有形资产所创造的溢价能力。

其计算公式可概括为:

$$营销效率 = 总收入/营销成本$$

$$品牌资产 = (营销效率 \times 总收入)/(1 + 营销成本)$$

从中可以看出比率越高,企业的营销越有效率,而所能创造的品牌资产的价值越高。

这个计算方法比较实用和简单,尽管营销效率仍会受到一些不完全可控的因素影响,但它能够利用简单的财务手段去综合评估一些市场营销效率,是一个很有启发性的方法。

(三) 整合衡量模式

以财务为基础的衡量模式是直接利用资料,以定量方法计算品牌资产的货币价值,而以消费者为基础的衡量模式是解释消费者的心理与精神,两种衡量方法各有其优缺点。整合衡量模式,则是考虑到消费者购买行为,并结合品牌的获利情况、市场地位与心理状况,以衡量品牌价值。其中以 Interbrand 的品牌资产衡量法为主要代表(具体计算参照收益法)。Interbrand所选择的公司有三个条件:(1) 必须是全球性品牌,有足够的营收;(2) 在主要产品类是领先的全球性品牌;(3) 必须有公开发表的营销与财务报表资料。

## 项目总结

品牌价值的衡量可以从财务、市场角度,也可以立足于消费者角度,可以运用多种计算方法,但是隐藏在数字背后的产品才是品牌价值产生的源泉。因此,如何提升品牌价值,追本溯源,产品才是根本。

### 一、简答题

1. 品牌资产的内涵是什么?
2. Aaker 的品牌资产包括哪五部分?请说明每个部分的具体内涵。
3. Aaker 的品牌资产十要素包括什么?

### 二、案例分析

数年来,Levi Strauss & Co.(LS)公司的品牌资产逐渐萎缩,因而提出了有别于公司传统的单一品牌的新策略。LS 决定针对三个特定细分市场——都市意见领袖、极端运动员和一般年轻人,而创造一系列品牌。每个细分市场的定价从低价到高价、从传统到设计家样式皆有。每个细分市场均有自己的产品开发、品牌管理和营销小组。

例如 1998 年年底,LS 推出 Red Line 设计家品牌牛仔裤,每条售价 100 美元。这一产品是针对高收入消费群的少数几家商店销售。不过,新产品完全切断与传统品牌的关系,Red Line 品牌完全没有 Levi's 的影子。LS 也推出最昂贵的 Vintage 系列收藏品牌牛仔裤。该品牌让大家注意,虽有新流行品牌,但 LS 仍未忘记传统资产。

即使很多人购买设计家品牌牛仔裤,但 Red Line 和 Vintage 两种品牌的市场仍太小,无法大力提升 LS 业绩。并非所有人都认为新品牌是 LS 的救命之星。一位观察家认为"如果 Levi's 偏离牛仔裤市场太远,将会失败"。

很不幸,该公司又面临牛仔裤市场流行趋势衰退,因为新布料和流行款式取代了曾经象征美国主流的服装市场。过去几年,牛仔裤销售量每年衰退 10% 以上。看到此趋势,LS 扩展了非牛仔裤产品线,即 Dockers 和 Slates 品牌。Dockers 延伸增加休闲商业服装品牌 Recode。

为了应对这些市场状况,LS 实施了多品牌策略,开始开发青少年服装,包括卡其裤、上衣和夹克。同时公司也重新分配营销资源,专注在可吸引年轻消费者的活动上,包括在电影院陈列产品和赞助活动。例如,为吸引年轻人,Levi's 花费在音乐会上的赞助金额和传统广告一样多。"我们希望成为青少年生活的一部分",Levi's 青少年市场营销副总说。

根据重新活化品牌计划,LS 在旧金山开设了一家占地 24,000 平方尺的门市。这家橱窗商店标榜拥有所有 Levi's 产品线品牌(包括 Red Line),并特别强调 Levi's 的核心品牌 Red

Tab 牛仔裤,该品牌占商店产品组合的一半数量。

LS 希望旧金山商店模式复制到全国主要都会区。该公司并非想以这种方式赚钱,其主要目的在于客户宣传、造势并建立 Levi's 尖端品牌的形象。

1999 年年底,LS 聘用来自百事可乐公司的新执行长 Philip Marineau。该执行长简要说明了对公司的观察,"Levi's 是一个品牌神话,但表现却很差"。新品牌、更广的产品线和橱窗店皆是为挽回过去 Levi's 领导品牌的光荣历史。

1. 你是否同意 LS 公司的多品牌策略?请说明原因。
2. LS 公司如何提升 Levi's 的品牌资产价值,尤其是青少年市场?

资料来源:迈克尔·埃特泽尔,布鲁斯·沃克,威廉·斯坦顿.市场营销[M].王永贵译.南京:南京大学出版社,2009.

# 项目八

# 品牌管理

 引导案例

### 无法创造需求的福特汽车

福特汽车的问题就是实在太依赖大型休旅车,这种美国传统因为逐渐远离美国购车者的需求,使其品牌价值衰退19%,只有89亿美元,在Interbrand全球品牌排名从2006年的第30名降至2007年的第41名。

福特汽车衰退,第一个也是最重要的因素是无法创造消费者需求,产品又未能有效规划、调整到符合消费者需求。持续长期衰退的结果,显示福特已经迷失了方向,虽然Focus和Mondeo两款车型在欧洲销售不错,在美国市场却表现平平。长久以来折扣政策也腐蚀了品牌价值。

当油价上升,由于休旅车耗油太多,使得休旅车市场需求衰退,以及外国汽车纷纷在美国设厂,福特美国制造的定位,不再是有效的差异化策略。与Toyota品质、可靠与绿色环保,BMW精致与享受驾驶乐趣相比,福特缺少对等的差异化,必须要重新寻找自己的中心识别意义。

福特要挽回颓势,可以学习BMW的经验,使用全面性管理品牌、副牌及产品设计,也应发展独特性,最好是能引起消费者共鸣的定位。

资料来源:丁瑞华.品牌行销与管理[J].中国台北:普林斯顿国际有限公司,2014.

 知识目标

1. 了解品牌老化的内涵;
2. 掌握品牌老化的原因;
3. 掌握品牌回春策略;
4. 了解品牌全球化的意义。

1. 能够对企业品牌老化进行诊断；
2. 能够使企业品牌再生；
3. 能够为企业进行品牌全球化规划。

任务一：品牌老化
任务二：品牌再生
任务三：品牌全球化

## 任务一　品牌老化

### 思考案例

#### 李宁品牌定位的困局

刚成立的时候，李宁公司的品牌形象就是国家队的运动服装，当时李宁赞助了体操、跳水、乒乓球等许多国家队。那一阶段的民族情绪空前高涨，李宁品牌则承载了国人太多的民族情感。

然而，李宁对此并不满足，2000年，李宁公司提出了国际化的战略目标。很快，李宁掀起了一股国际化浪潮，李宁积极赞助法国体操队，甚至李宁的电视广告，也变成了一个小姑娘在巴黎大街上舞动着漂亮的红丝带。

2010年6月，李宁公司又启动了换标工程，新LOGO以李宁鞍马的交叉为灵感，力求赢得更多90后的支持。换标之后，李宁与耐克等国际品牌正面交锋。为了展现国际品牌的形象，李宁将战略重点放在了一线城市，在北京、上海、广州、深圳等地开设了70家第六代旗舰店。

自1990年以来，李宁一会儿是国家队运动服装形象，一会儿是国际化浪潮，一会儿是时尚，一会儿又是90后，其品牌形象一直在变。从最初的"中国新一代的希望"到"把精彩留给自己"、"我运动我存在"、"运动之美世界共享"、"出色，源自本色"、"一切皆有可能"等，直到现在的"Make the change(让改变发生)"，一个个创意的火花却模糊了李宁品牌的定位及形象，令人雾里看花，难以寻找到一根贯穿始终的清晰主线。

另外,也许李宁太想成为中国的耐克了,李宁品牌在核心价值的提炼上还犯了 ONE MORE(跟随)的低级错误,例如,耐克提倡"JUST DO IT(想做就做)",李宁提倡"我运动我存在";耐克提倡"I can(我能)",李宁提倡"一切皆有可能",有"模仿秀"之嫌。

事实上,李宁从不缺乏创新的精神和求变的决心。然而,在其发展过程中,李宁却缺乏对品牌定位的战略系统思考和解决方案,也没有真正意义上的品牌梳理和 DNA 确认。从 1990 年至今,李宁品牌推广传播了多年,然而从其诸多品牌传播中无法寻找到一种精神,一根贯穿始终的主线,消费者几乎没人能说清楚李宁品牌的个性到底是什么?

资料来源:创业邦 http://www.cyzone.cn/a/20120901/231949.html

## 一、品牌老化的概念

由于某种原因,品牌在市场竞争中的知名度、美誉度下降以及品牌销售量、市场占有率和覆盖率降低等使得品牌"受冷落"的现象,就是所谓的品牌老化。

它有两层含义:广义上的品牌老化是指品牌缓慢的、逐渐的退化。昨日强势活跃的品牌,如果无法提供市场上消费者需要的新产品,或有高忠诚度的顾客,今日可能就会变得平凡无比。另一层含义是指品牌所反映的消费者形象也在逐渐衰退。如,YSL 也针对年轻顾客营销,但是结果发现它的顾客群比 Dior 或 Chanel 还老。

## 二、品牌老化的表现

品牌老化的表现主要有:
(1) 未老先衰:入市时选择不准或没有建立起产品特色及品牌形象。
(2) 虚张声势:企业采用密集广告策略,声势很大,市场认知度低。
(3) 盛极而衰:品牌增长速度很快,销售额短期内迅速增加,但由于缺乏高质量产品和品牌核心竞争力的支撑,品牌迅速衰落。
(4) 一蹶不振:由于老品牌机能老化,以上关于品牌老化的状况都可能发生。

## 三、品牌老化的原因

### (一) 产品品质下降

企业为降低成本,迫使公司走捷径降低品质,虽然成本轻微降低,但次数多,对于品质的影响就很深远。

> **小案例**

欧莱雅并购了 Lanvin 的香水品牌 Arpege，但只是买到它的影子而已。因为 Lanvin 香水原来是由天然原料制成，但是并购后改为使用人工原料，瓶子不再是原来的圆形，从而使消费者认为欧莱雅不重视品牌，而不再购买 Arpege 香水。

（二）品牌定位模糊

广告大师大卫·奥格威说过：品牌应该有简单清晰的品牌核心利益诉求，并且保持持续的传播行为才能有效占领消费者的脑海，获取消费者的青睐。品牌若要获得消费者钟爱，品牌定位首先应该个性鲜明，且能拨动消费者的心弦。个性模糊、趋于雷同的品牌，很难得到消费者的铭记和青睐。

> **小案例**

Gap 近年不断受到低价供应商提供相同基本棉纱、牛仔裤及卡其裤的激烈竞争，使其品牌价值衰退 15%，只值 54 亿美元，2007 年品牌排名落到第 61 位。

主要原因就是 Gap 缺乏清晰的定位，无法创造需求。虽然它曾经企图进入更流行的定位，可惜宣告失败，现今的品牌问题就是定位不特别且太贵。

Gap 可以学习 Abercrombie & Fitch，让品牌更具魅力，深入了解消费需求，提供让消费者共鸣的独特产品。或是跟随市场领导者，如 H&M 或 Zara，推出低价流行产品。综上，Gap 必须建立与竞争品牌有差异化的定位，才能有意义的重新建构企业品牌。

（三）缺乏鲜明的品牌形象

品牌形象是反映客体所产生的一种心理图式，是消费者进行购买决策时一个重要的影响因素。品牌形象的冲击力和辐射力一旦形成，品牌就会鲜活地呈现在人们眼前，消费者才会在众多的信息之中，时刻感觉到品牌的存在。品牌形象塑造贫乏的现象首先表现在产品特色跟消费者关注的特性不一致，在造型美观、高雅、多样化等方面还十分薄弱；其次在品牌的命名设计、图案设计、广告传播等方面，均存在着致命的弱点。

> **小案例**

Damart 保暖内衣给消费者的产品形象是"专属于上了年纪人使用的内衣"。Damart 给人的品牌形象是寒冷、无趣、没有颜色及古老的，这种陈旧的形象，很难吸引年轻的消费者。

（四）单一产品策略的执行

单一产品的风险是因为无法推出创新产品满足消费者需求，而造成产品的衰退。因此，品牌须及时调整以满足消费者的期望，可以采用产品线延伸策略，推出新产品以符合消费者需求，并保有原来的识别。

（五）广告宣传不到位加速品牌老化

广告宣传不及时或停止广告宣传，会加速品牌老化，使品牌在市场上不复存在，失去主导地位。行之有效的广告策划一定要使企业的广告创意与企业的品牌定位和品牌形象保持高度一致，否则就会很容易导致品牌老化，这就意味着企业的每一次营销活动、每一分广告传播费都要用在加深消费者对品牌形象及个性的记忆和认同上。

## 任务二　品牌再生

**思考案例**

### 麦格的品牌复位

麦格1999年欢庆它诞生一百周年，它是一家每当销售额下降时，就会进行品牌复位的啤酒厂商。麦格总是将品牌定位在高阶高价位啤酒。在20世纪70年代，它的广告特色强调年轻的成功企业家，并宣称"不论你何去何从，麦格伴你走天涯"（Where You are Going, It is Michelob）。随着这个广告的强力使用者印象，下一支广告也大力宣传"周末是为麦格而创的"。之后，为了挽救下滑的销售额，广告主题转为"在每天之中加入周末的元素"。20世纪80年代，公司另一支新广告的特色是"属于麦格的夜晚"。

而在1994年，没有一支广告能停止该品牌销售额的下滑，相较于1980年的高峰810万桶，其销售下滑至230万桶。最后，在1994年的另一支广告，"某些日子比其他日子更好"描述出"在特别的日子要有特别的啤酒"，之后又变成"某些日子是为麦格而创"。

可怜的消费者在经过这么多次不同的广告诉求之后，还是不知道在什么时候喝麦格啤酒。因此，麦格的销售额还是持续下降。

在2002年，麦格利用低碳的风潮，进行品牌延伸推出麦格Michelob Ultra。此品牌营销针对有活力的乐活族，且强调功能性的利益特点"减碳，不减口味"。这次品牌命名的策略是与母品牌麦格紧密结合，麦格偏激的营销广告也将其重新定位为年轻、有活力、健康取向的啤酒。Michelob Ultra一经推出便立即成功，在2003年达到310万箱的销售量，但是后来低碳的风潮消失后，其销售额又呈现下降。

### 一、品牌再生

老品牌不单单是一种商品，或一家公司的代名词，还常常是所有参与这个成长过程的人共同拥有的记忆,它代表了共同的成长历史。例如凤凰牌自行车、上海牌手表、蝴蝶牌缝纫机等。

但为什么产品品质没有问题,市场需求却严重萎缩呢? 这主要是因为品牌老化。面对老化的品牌,不应该使其退出市场,而是应该考虑给与重生的机会。上市新品牌成本昂贵,重建老化品牌,主要是成本低,而且消费者对品牌依旧有记忆及品牌已经注册。

> **小案例**

Coach 诞生于1941年,为了精准抓住消费者的需求,Coach 每年在全球进行20 000人的消费者调研,以准确规划下一年度的设计款式与生产数量。进而将品牌重新定位为"能轻松拥有的年轻奢侈品"。在这个核心概念下,构建新的产品理念,即 Fun(快乐的)、Feminine(女人味的)、Fashionable(时尚的)。

Coach 从制造、定价到渠道,从前端的制造到后端的营销,由里到外彻底整合价值链。此外,还大幅度降低成本,采用低售价,将省下的资源分配到品牌营销,以塑造高级品牌的形象。

## 二、品牌再生的回春策略

正确的品牌回春策略能带来比新产品开发更多的利益,如低成本、低风险、低促销费用,容易获得渠道,快速进入市场及获取高利润。品牌再生策略的运用有很多种,企业可结合自身品牌状况进行选择。

(一)扩充品牌认知范围

改变消费者对于产品的固定认知,通过营销策略扩充其范围。如加乐氏麦片食品系列,从改变消费者饮食习惯做起,不再只是把它当成早餐使用而已,可增加其他使用途径,如在宴会点心中混合食用,试图发现新市场或受忽视的市场。

> **小案例**

围绕"亲情无价"这一品牌特有的价值观,喜之郎坚持不断地塑造亲情、温馨的品牌形象:健康快乐的喜之郎卡通形象和男孩儿女孩儿们一起练习芭蕾和柔道,浪漫永恒的喜之郎情侣,幸福温馨的喜之郎家庭……这些巧妙有效的广告一步一步地向消费者提供这样的信息:吃果冻的可以是儿童、少年、青年、中年人和的老年人,老幼皆宜;果冻既可在运动后品尝,也可娱乐休息时吃一口,也适宜于全家分享——果冻不只是口感好与有益健康的食品,更是促进不同年龄人群的交流的介质,是适于表达亲情的载体。

### (二) 更新老品牌

以新配方或重新定位更新老品牌。如京都念慈庵将品牌重新定位为"保养喉咙与净化呼吸道",从而扩大消费群。

> **小案例**

上世纪九十年代,在西方文化的冲击下,中国传统草本的医疗功效渐渐不为消费者所认同,从而导致香港的凉茶店经营惨淡。为了开拓市场,鸿福堂将其凉茶产品赋予新的定位:由传统具有医疗功效的"中药"改为现代日常生活的"健康草本饮品",并将其目标顾客群界定为"一众繁忙的都市人及年轻的新一代"。现代人生活劳碌,外食频繁,经常熬夜,身心容易失去平衡;年轻新一代视垃圾食物为宝,饮食不均衡引致的健康问题更不容忽视。而凉茶不但能增强人体的抵抗力,更有预防疾病于未然的功效。鸿福堂努力研发及配合不同草本药物的疗效,将传统的凉茶发展为普及化的保健饮料。

### (三) 发现产品新使用方法

通过推广产品的新用法,提升产品的使用量。如,自行车从代步工具变成了健身工具。表 8-1 是老品牌新用法的例子。

表 8-1 老品牌新用法

| 品牌名称 | 提议、预测或提出品牌新用法 |
| --- | --- |
| Arm & Hammer Baking Soda | 用来做冰箱除臭剂、牙膏、洗衣粉及地毯垃圾桶清香剂 |
| Campbell's soup | 增加旧食谱生命或当汤增加味道 |
| Chex Cereals | 在宴会点心中混合食用 |
| Clorox Bleach | 清洁光亮地板与窗户 |
| Dannon Yogurt | 代替高油脂蛋与油于松饼调味汁、杏仁、巧克力 |
| Heinz Vinegar | 代替面包来制造三明治 |
| Realemon Lemon Juice | 在家禽食谱上增加味道 |
| Reynold's Aluminum Foil | 将所有东西包在一起,以快速及容易清洗 |
| Tums Anti-acid Tablets | 当营养钙片补充 |
| Wrigley's Chewing Gum | 嚼口香糖代替香烟 |

资料来源:Wansink, B. and Gilmore, J. M. (1999). New Uses that Revitalize Old Brands[J]. Journal of Advertising Research,39(2):90-98.

（四）改变品牌要素

通过改变品牌要素，传达新的讯息与意义，如改变包装、标志或其他特性。如统一企业为了发展专业烘焙事业而在2012年设立了希蒂烘焙品牌（见图8-1）。卡通人物希蒂，以活泼、热情、大方、喜爱时尚且具有绝佳烘焙厨艺的形象，为追求生活品质及时尚的都市小资闺蜜们带来月饼、蛋糕、面包等烘焙精致美食。统一以较卡哇伊的Logo，走年轻可爱路线，营造吃蛋糕的幸福感，改变统一的老字号形象，提升统一蛋糕的质感，贴近年轻族群。

图8-1　希蒂品牌形象

（五）进入新的市场

扩宽产品的使用对象，进入新的细分市场。如柔和配方的强生婴儿洗发精，从婴儿市场推广到年轻女孩。

**小案例**

2012年6月，金冠（中国）食品有限公司投入市场一款以"零食养生"概念打造的黑糖话梅，凭借口味创新、营销创新收获了不凡业绩。

据介绍，"黑糖话梅"因口感别具特色早期盛传于台湾地区民间。如今，这款"黑糖话梅"在我国的年轻女性白领中备受欢迎，为了满足年轻女性对"健康、休闲、时尚"的消费需求，金冠食品独家推出了在原料选材、制作工艺上符合健康养生理念，在食用口感上"无敌好吃"的黑糖话梅。黑糖具有益气养血、健脾暖胃、驱风散寒、活血化淤之效，话梅则具生津止渴、助消化之效，且每一颗金冠黑糖话梅，都是由金冠食品凭借独家熬糖技术，融入了高达25%以上的纯正黑糖和10%以上的美味话梅干精制而成，从而彻底征服了挑剔的消费者。

（六）增加现有顾客使用量

利用广告提醒及使用更容易。如，统一希蒂焙客的的宣传广告是：阳光早餐、优雅下午茶、节日送礼、欢聚分享，有希蒂陪伴，生活多一份惊喜新滋味。广告中告诉大家希蒂焙客可以在多种场合、不同时间点享用，从而增加顾客使用量。

（七）发现受忽视的市场

如果我们能从类似的逆向思考角度来研究市场，那么另一扇市场财富的大门可能就要为我们打开了。现在的企业大多以性别来作为区隔市场的一个重要参考因素，要么把自己的产品定位于男性市场，要么把产品定位于女性市场。但如果仅把目光停留在单一的男性或女性顾客身上，或不区分性别，将错失很多市场机会。

> **扩展阅读**

**从异性对产品的潜在需求入手**

随着社会的进步与观念的改变,很多曾经特定性别使用的特定商品其使用界限开始慢慢变得模糊,甚至发生了转移。比如,男性对美容是存在需求的,但是曾经的社会环境与文化认知压抑了男性的这一潜在需求,发现并引导需求,便创造出了男性美容市场与男性化妆品市场。珠宝饰品也因为同样的原因在一段时期内被定义为女性专属器物,其实在古代,男性所佩戴的饰品很多,如佩玉、戒指、颈环、手镯等,一些民族的男性装饰品更是漂亮。男性佩戴饰品是有市场需求与文化根基的,所以只要稍加引导,就开拓出了一个新的市场。

巴黎著名设计师发现很多男士喜欢把衣服围在腰上,像裙子一样,自我感觉非常帅气。这激发了设计师的灵感,在巴黎时装周推出了以裙装款式为主的男性时装发布会,引起了轰动并引发了男性穿裙子的风潮。这并非是异想天开的创意与偶然的市场成功,其实,裙子曾经被过多地描述为女性展露雌性魅力的工具,一想到裙子自然想到女性,而从视觉与文化的角度重新审视就会发现,男性穿裙子的效果不比女性差,因为裙子不仅可以突出女性的曲线与柔美,同样能够展示出男性威武雄健的特点,而古代男性穿着类似裙子一样的袍子的习惯也由来已久。当设计师发现一些男性对穿着类似裙装的服饰并不排斥,甚至喜欢的时候,他就发现了一些被忽视或压抑的相关因素,于是通过他的设计,将其释放出来,获得了成功。

(八)刺激与开发潜力市场

企业可以通过独特的产品诉求、承诺等刺激与开发潜力市场。例如孔雀卷心酥的广告诉求"愈冰、愈脆、愈好吃"、家电厂商提出的"终身免费服务"等。

> **小案例**

维他奶以多年不变的"温情"为核心价值观,建立起牢固的品牌形象,成功留住一众与维他奶一同成长的老香港、旧客户的心。但另一方面,也采取一连串新的市场推广策略,开拓新客源,吸引新的年轻消费群。

1997年,维他奶用了年轻人网上会友的趣事作为广告的主线;2009年,维他奶推出"Standby me"广告片,成功引起了不少年轻人的共鸣。

2010年,维他奶庆祝七十周年,为了将维他奶产品的形象年轻化,吸引年轻新一代,创作了"Friend祝七十年"的口号,突出色彩缤纷、喜庆的主题。同时,又设计了七十款限量版"个个祝"维他奶迷你贴,设计精致,每个盒上都有不同的祝福语。此外,还有一个"想点祝就点祝"DIY版本,让顾客自由写上最贴心的祝福,送给他们心目中最疼爱的人,别有心思。

为了针对目标客户群,维他奶还采用了适时兴起的数码媒体及社交媒体,例如在Facebook、Youtube等网上平台举行网上包装设计比赛,第一次请市民递交"维他奶"包装设计,让维他奶更了解消费者口味。

（九）增加新联想

为品牌赋予新的品牌形象，吸引消费者。如，新万宝路香烟以西部牛仔的豪迈粗犷形象，标榜真正男子汉，赋予了万宝路新的市场生命，使其成为世界第一香烟品牌。

### 小案例

在2000年之前，大快活品牌面对"三低"的困境，处于价值低、知名度低及品质低的危险边缘，被竞争对手大家乐及美心远远抛离。品牌形象的老化、品牌质量的低评价以及多年的亏损，迫使大快活高层决心进行重大的品牌重造革命。

首先，进行至上而下的品牌改造。大快活奉守"以客为先，以人为本"的品牌理念，务求令顾客及员工都能"食得开心、活得精彩"，制定了"成为香港最受欢迎的快餐品牌"的目标。

其次，改善流程提升食品品质。由于被顾客投诉食品品质不稳定，2000年至2003年，集团投放资源在系统管理上，将食物制作流程系统化，并简化程序，量化食材，设立产品制作资料库，确保食品质量及味道统一化。

最后，品牌重造形象年轻化。为了打造年轻化形象，从2003年11月开始，大快活将核心顾客群年龄由原来的18～45岁降至15～35岁的年轻人士，他们主要是一群喜爱尝新、追求质量及不断寻求进步的消费者。为此，大快活创造了一个全新的商标，并进行店铺设计改革，以橙黑色为主调，使店铺充满年轻活力的感觉。

图8-2　大快活商标从小丑变为人仔图像

图8-3　大快活店铺设计

（十）持续的技术创新

现代市场环境变化莫测，新技术的发展日新月异，市场竞争日趋强烈，产品的平均寿命周期不断缩短，面对这样的外部环境，企业维系现有利益的有力武器就是品牌的技术创新，这也是市场变化的结果。

> 小案例

### 麦都食品：烘焙技术的创新品牌

**麦都酵母　脱颖而出**

烘焙技术正在成为众多烘焙企业的桎梏，当前，国内尚未有自主生产纯天然酵母粉原料的企业，现市场上的天然酵母粉均为意大利、日本进口，但价格昂贵。"麦都天然酵母粉的研发及应用"则是福建省麦都食品发展有限公司（以及简称麦都）在食品技术领域内的一次勇敢的尝试与突破，麦都纯天然酵母粉可取代进口天然酵母粉、代替部分干酵母、面包改良剂的使用。麦都食品希望凭借这项研发长达多年的技术从愈演愈烈的天然酵母粉原料大战中脱颖而出。

据悉，早在2012年中，"麦都天然酵母粉的研发及应用"已在6·18海峡两岸职工创新成果展览会上斩获金奖，而该项目成果水平亦被认定为国内领先。

麦都纯天然酵母粉由纯天然植物培植而成，是一种纯天然、无污染、安全的健康营养源，不含色素、防腐剂、香精、激素等任何人工合成成分。据悉，用天然酵母制作出来的产品与用干酵母制作出来的产品相比，一能延长烘焙产品的保质期，采用天然酵母制作的面包保质期可达一个月以上，使用普通干酵母为2～3天；二能提高产品的风味；三能保持产品新鲜度；四能让产品增加营养价值，天然酵母含有100多种酵母种，比起普通干酵母这种单一的纯酵母，更多保留了酵母所含的各种营养；五可以直接代替改良剂（复合食品添加剂）的使用，减少食品添加剂对人体的危害；六可以取代进口天然酵母粉，降低成本。

**突破传统　锐志创新**

创建至今，麦都食品均始终以"志上、锐取"为企业的核心价值观，立足于"突破传统，锐志创新"的理念，致力于为广大消费者提供一流的产品、服务和健康的生活方式。麦都率先从国外引进先进的烘焙技术，并结合港澳台地区及日本的烘焙经验与本土文化和消费需求相融合，研发了近千种产品，得到广大消费者的一致认可。为保证产品质量，公司从产品原料的选择到产品质量的把关均严格按照HACCP食品安全管理体系的要求进行管控，让广大消费者更加地放心！而麦都能够始终保持行业领先、在烘焙品牌竞争中立于不败之地的秘诀，完全得益于麦都始终坚持一流品质，并不断创新和改良。

## 任务三　品牌全球化

> 思考案例

### 海尔坚持以企业自有品牌开拓国际市场的国际化理念

海尔很早就提出"出口创牌而不是出口创汇"以及"国门之内无名牌"等观点。现在不仅海尔在国内制造的产品以海尔品牌出口,海尔在海外的13个工厂的产品也均挂以海尔品牌。

即使是海尔在意大利并购的企业,其产品也用海尔品牌。海尔的国际化名牌的创建是根植于一定发展阶段基础上的结果。

海尔早在1985年就提出,创国际化名牌,核心在于产品的高质量。海尔在国际化的经营过程中先后取得三项重要的创国际名牌的资格:国际质保体系、产品的国际认证和企业的检测水平认证。海尔集团CEO张瑞敏认为,在市场经济中,"高质量"的内涵不仅仅是符合企业或国家规定的标准,还要适应国际市场的需求,利用高科技来创造市场,引导消费。具体而言,一是不断地向用户提供意料之外的满足,二是让用户在使用海尔产品时毫无怨言。而这一切又取决于企业达到国际化要求的管理水平。

海尔建立在"日事日毕、日清日高"的OEC管理法平台之上的全面质量管理,为海尔创国际化名牌打下了坚实的基础。通过OEC管理,海尔不断地提高员工的素质,激励员工为用户负责,在全体员工中树立了"精细化,零缺陷"的质量理念,充分发挥全体员工的积极性、创造性,使海尔的管理达到了跨国公司的先进管理水平。

国际标准的质量保证体系和世界一流的管理水平使海尔产品拥有了创世界名牌的基础。在此基础上,海尔认为,家电企业只有拥有在国际市场上有知名度的品牌,才能在国际市场上获得超额利润,才能为企业的国际化经营和长远发展打下坚实的基础。因此,海尔在产品出口时坚持打自己的品牌,而不仅仅以创汇为目的。

海尔认为,若仅以创汇为目的而放弃自己的品牌,尽管出口量可能会很大,创汇也会比较多,但是由于获得的仅仅是加工费,利润率却很低,这样就很难在国际市场上立足。同时由于市场和资本在外,主动权始终是掌握在外商手中,实际经营中的不确定性很大。所以海尔在输出企业产品的同时,更注重输出企业的品牌,让名牌效应、让"真诚到永远"的海尔理念,在全球市场上产生更好的放大效应。

资料来源:第一赢销网 http://mp.weixin.qq.com/

## 一、品牌全球化的挑战

品牌全球化(Brand Globalization)是指企业从全球经营视野出发审视国际市场,制定企业品牌战略,并通过相应的品牌营销策略建立企业全球性品牌形象的活动及过程。品牌全球化的目标是创造世界级的知名品牌。如,麦当劳和可口可乐是全球营销最具代表性企业,两家企业均以单一、统一的产品,营销全球各国不同国家和地区。

相比较于本土化品牌推广,全球品牌推广时需要考虑更多新的环境所带来的新的规范与风险、差异性的消费习惯等。

(一)新的环境

品牌推广到全球各地,一定会面临东道国在文化、政治、法令法规、语言、风俗习惯等方面的差异,如果处理不当,将难以实现推广目标。

例如,就优酪乳而言,在法国优酪乳产品是纯的、健康的象征,后来才加上水果口味;在英国优酪乳是成人的食品,标榜低脂肪加水果;在西班牙与葡萄牙盛产水果,因此水果优酪乳不讨好,但有香味的优酪乳受到大人小孩普遍欢迎;意大利人喜欢混合口味的优酪乳,定位在年轻的消费族群。

(二)新的规范与风险

这里是指在不同国家,都会面临不同的法律、税赋、外汇与波动,不同的运输模式、国际文件以及港口设施等规范与风险。如,韩国对美国进口汽车同时课征关税与税率,让售价提高一倍。在奥地利、法国与荷兰,不论何地或如何出售均由出版商指定书本的零售价,这使得具有成本优势的网络公司,无法提供较低价格给消费者。

(三)差异性的消费习惯

消费习惯的差异性往往会阻碍品牌的全球化。如,Richard 是全球第三大仅次于 Bacardi 与 Smirnoff 的法国威士忌。尽管努力拓展外销,但是 95% 的销售仍停留在国内市场。Richard 经过 15 年的努力拓销,在西班牙市场的占有率仍然很低,因为只有移民到西班牙的法国人才会饮用。西班牙人不习惯喝鸡尾酒,认为将水加入酒精会改变饮料的口味,而且 Richard 必须加 5 倍的水,导致推广不易。Richard 在法国普罗旺斯与假日有强烈连结,代表乐观主义,是饮料中的太阳,深深吸引北方的消费者,但对于南方的国家如意大利或西班牙则缺少魅力。在美国市场的拓展更困难,因为美国人喝酒时加冰块不加水。

除了上述的环境、规范、风险、差异性消费习惯外,全球化品牌会面临到更多的变数,遭遇各种状况,因此在推行全球化战略时应做充足的准备。

## 二、品牌全球化的机会

虽然品牌全球化会面临相当多的挑战,但是品牌全球化也会带来需求扩散、获得规模经济、全球性渠道服务等几个好处,同时也方便了全球顾客。

(一)获得规模经济

由于标准化的标志、包装与生产,全球性品牌比较容易产生规模经济,降低成本。如,当 IBM 以奥美广告取代原本合作的数十家广告公司(每个国家一家),它很快就会变成了呼风唤雨的品牌,因为奥美可以凭着全球性的广告人才及媒体渠道,在全球各市场曝光,也可以尽快达到品牌一致性、独特性的跨国整合效率。

(二)需求扩散

长期以来国际媒体蓬勃发展,利用跨国媒体宣传,带动需求从某一国家到另一国家的扩散,从而拓展全球市场。例如,麦当劳推出的沙拉健康套餐,在亚洲地区是以日、韩先行试行,但在媒体播出后,台湾地区消费者也翘首以盼,询问台湾地区麦当劳公司何时会推出。同样的,日本 NEC 设计的最小手机,只有一张信用卡大小的信息在媒体曝光后,日本地区的热销,也会引起其他地区的需求。

### (三) 获得全球性渠道服务

渠道的全球性扩充,或与国外零售商的服务合约,可以帮助品牌获得全球性的服务。品牌的全球化免于国内零售商的束缚,是力量的来源。

### (四) 方便全球顾客

在工业产品方面,采取全球品牌可方便全球不同地区厂商购买,例如 Intel 对于所有电脑厂商而言,就是一个非常清晰明确的 CPU 品牌。而在民生消费品方面,全球品牌也使得顾客在各国之间移动时,都极易以全球品牌认知、购买,这在全球机场就可看到,化妆品、电脑用品、相机和其他时尚精品,旅客走到世界各国机场都可看到 LV、Prada、SONY、LG、Canon 等品牌重复出现。

## 三、品牌全球化步骤

实施品牌全球化,通常需要考虑以下步骤:
步骤 1:全球化是否有需要？品牌全球化适当吗？
步骤 2:哪一品牌应该全球化？哪一品牌不可以全球化？
步骤 3:品牌精髓、品牌平台、识别与概念光谱的描述。
步骤 4:定义一般看得到的品牌、符号、标志、包装、广告。
步骤 5:定义一般广告策略、广告执行、产品全球上市。

## 四、应对全球化的 3A 策略

哈佛学者葛马万(Pankaj Ghemawat)认为,世界是圆的,国界依然存在,由于文化、政府/行政、地理、经济等因素,造成全球各国差异超乎想象。面对各国差异,葛马万提出 3A 三角形理论,协助企业面对全球差异,执行全球策略。

### (一) 调适策略(Adaptation)

根据各国差异进行调整,因地制宜,要越单纯越好,但不是简化。如,墨西哥水泥公司 Cemex 的产品是纯粹的大宗商品,具备成熟的技术,但各国对于袋装水泥、散装水泥的需求不一,能源价格也不同。葛马万提出调适的策略是"变化":专注于特定的地理位置、产品、垂直整合等,以降低差异性;通过合资、合作等外部化作业,降低企业环境变化的负担;运用设计来降低变化的成本;运用创新来提升变化的效能。

### (二) 整合策略(Aggregation)

目的在于利用各国之间的相似之处,凸显差异中的差异性,经过分门别类之后,相较于各类之间的差异性,同一类之间的差异性会降到最低。此策略主要深入探讨地理区域的整合策略,因为企业的竞争互动通常以区域为主。

## (三) 套利策略(Arbitrage)

充分利用各国之间的差异性,也就是追求绝对的经济优势,而不是通过标准化追求规模经济。各国之间的差异性是一种机会,而不是牵制。

1. 文化套利:有些国家或地区的有力因素,可作为文化套利的基础。如,法国的高级定制服装、香水、美酒和食物的形象,在国际舞台大受欢迎;美国快餐连锁店让全球消费者感受美国文化,所利用的是美国通俗文化在全球的普及。

2. 政府行政套利:亦即企业利用各国法务、机构及政治上的差异性从事套利,如自由贸易区、出口加工区等。

3. 地理套利:香港的利丰公司从一家单纯的贸易公司,变成一个在全球拥有40国办事处的跨国企业,主要是为客户管理跨国供应链,从事任务分工,盈利和收入都来自精密的地理套利活动。

4. 经济套利:包括劳工与资本成本的差异化,以及比较产业投入要素的差异性,或在互补产品方面的差异性。

## 项目总结

维护一个品牌比建设一个品牌需要付出更多的精力,现代企业由于品牌经营不善,经常会遭遇会品牌危机,只有做好品牌应对之策,及时创新品牌,才能永葆品牌的青春和活力。

## 练一练

### 一、简答题

1. 什么是品牌老化?
2. 品牌老化的原因有哪些?
3. 什么是品牌再生?
4. 品牌回春策略有哪些?
5. 应对全球化的3A策略有哪些?

### 二、案例分析

#### 麦当劳的品牌策略

麦当劳面对消费者偏好改变之际,持续投资于健康食品,让品牌价值增加7%,达到294亿美元,全球排名第8。

一直以来,麦当劳掌握许多品牌价值创造的主题,从创造需求、品牌管理、情境模式到有效规划。当其他品牌原地不动时,麦当劳已经做了很多改变,将企业焦点放在单一品牌麦当劳上,不再强调并购 Pret a Manage 三明治店、Chipotle 墨西哥餐厅、Boston Market 餐厅等其他品牌事务。焦点策略是在全球使用一致的"I'm lovinit"的主题。

面对消费者偏好改变,持续投资健康食品的行为表现出回应顾客需求是重要的。包括提供各种健康食品选择及营养食品。菜单上新的三明治、沙拉及水果创造了月晕效果,在强化麦当劳传统提供的食物之外还有健康概念。如此一来,更多菜单、现代装潢,帮助麦当劳与现有顾客更频繁地接触;不再是人们进来点速食抓了就走,而是希望吸引那些重视高品质、好口味及愿意支付高价的人,例如,高品质咖啡吸引到星巴克的顾客。

除了每年持续3%~5%展店外,麦当劳还专注于改进顾客经验。此举还让麦当劳与汉堡王的距离拉远。麦当劳坚持的品牌管理是品质、价值与便利。

问题:(1)运用所学知识分析麦当劳如何让老品牌恢复活力。(2)请你评价一下麦当劳的全球化经营策略。

# 参 考 文 献

[1] 邓明新.品牌营销[M].北京:北京工业出版社,2008.
[2] 谢付亮,朱亮.品牌天机[M].北京:机械工业出版社,2007.
[3] 孙大刚等.品牌形象设计[M].北京:机械工程出版社,2012.
[4] 余明阳,杨芳平.品牌学教程[M].上海:复旦大学出版社,2005.
[5] 艾·里斯,杰克·特劳特.定位[M].王恩冕,于少蔚译.北京:中国财政经济出版社,2002.
[6] 特伦斯·A.辛普.整合营销传播[M].廉晓红译.北京:北京大学出版社,2005.
[7] 约瑟夫·派恩,詹姆斯·吉尔摩.体验经济[M].夏业良、鲁炜译.中国台北:经济新潮社,2003.
[8] 戴维·阿克.品牌组合战略[M].雷丽华译.北京:中国劳动社会保障出版社,2005.
[9] 艾丽娜·惠勒.品牌标识创意与设计[M].王毅,姜晓渤译.上海:上海人民美术出版社,2008.
[10] 王昕.品牌形象设计[M].杭州:浙江人民美术出版社,2008.
[11] 原田进.设计品牌[M].黄克炜译.南京:凤凰传媒出版集团、江苏美术出版社,2009.
[12] 孙大刚.标识设计[M].济南:山东美术出版社,2007.
[13] 李艳.用好设计,创造成功[J].中国台北:上奇咨询股份有限公司,2014.
[14] 韩进军,罗立.消费品牌传播[M].北京:北京大学出版社,2007.
[15] 朱延智.品牌管理[M].中国台北:五南出版,2013.
[16] 冼日明,郭慧仪.香港卓越品牌[M].香港:明报出版社有限公司,2012.
[17] 杨滨灿,陈世晋,李培铭.品牌经营管理[J].中国台北:国立空中大学,2010.
[18] 黄克炜.品牌形象[J].中国台北:财团法人连得工商发展基金会,2004.
[19] 丁瑞华.品牌行销与管理[J].中国台北:普林斯顿国际有限公司,2014.
[20] 周博裕,李钧陶.未来经济新时代[M].中国台北:天窗出版社有限公司,2015.
[21] 徐阳,刘瑛.品牌与VI设计[M].上海:上海人民美术出版社,2006.
[22] 乔治·贝尔奇、迈克尔·贝尔奇.广告与促销[M].张红霞,庞隽译.北京:中国人民大学出版社,2008.

[23] 陈洁贞,林颖芝.新品牌学[M].香港:经济日报出版社,2013.

[24] 保罗·藤甫诺.高级品牌管理——实务与案例分析[M].北京:清华大学出版社,2010.

[25] 林恩·阿普绍.建立品牌识别[J].吴玟琪译.中国台北:台视文化事业有限公司,2000.

[26] 保罗·藤甫诺.高级品牌管理——实务与案例分析[M].北京:清华大学出版社,2010.

[27] 小卡尔·迈克丹尼尔,罗杰·盖兹.当代市场调研(第4版)[M].北京:中国机械工业出版社,2000.

[28] 李奇云.广告市场调研[M].成都:四川大学出版社,2004.

[29] 余明阳.品牌学[M].合肥:安徽人民出版社,2004.

[30] 常白.品牌管理实战[M].北京:机械工业出版社,2012.

[31] 乔春洋.品牌论[M].广州:中山大学出版社,2005.

[32] 沈铖,刘晓峰.品牌管理行[M].北京:机械工业出版社,2009.

[33] 戴维·阿克.创建强势品牌[M].吕一林译.北京:中国劳动社会保障出版社,2004.

[34] 王永龙.21世纪品牌运营方略[M].北京:人民邮电出版社,2003.

[35] 苏勇,陈小平.品牌通鉴[M].上海:上海人民出版社,2003.

[36] 陈云岗.品牌体检[M].北京:中国人民大学出版社,2004.

[37] 迈克尔·埃特泽尔,布鲁斯·沃克,威廉·斯坦顿.市场营销[M].王永贵译.南京:南京大学出版社,2009.

[38] 大卫·阿诺.品牌保姆手册[J].李桂芬,林碧翠译.中国台北:时报文化出版企业有限公司,1995.

[39] 价值中国 http://www.chinavalue.net/General/Blog/2015-1-26/1154144.aspx

[40] 腾讯微信 http://mp.weixin.qq.com/

[41] 中国搜索 http://report.chinaso.com

[42] 亿维网 http://www.yeewe.com/view/14994.html#5

[43] 北标知识产权 http://www.beibiaogroup.net/sbsj/45.html

[44] 食品科技网 http://www.tech-food.com/kndata/1040/0080744.htm

[45] 机床网 http://www.jichuang.net/news/show-16198.html

[46] 焙友之家 http://www.cakeok.cn/2010/0715/35109.html

[47] 品牌网 http://www.globrand.com/2014/576986.shtml

[48] 卢松松博客 http://lusongsong.com/reed/426.html

[49] 网易博客 http://quyusheng20.blog.163.com/blog/static/1792484320087694959352/

[50] 世界品牌实验室 http://www.worldbrandlab.com/

[51] 创业邦 http://www.cyzone.cn/a/20120901/231949.html

[52] 市场部 http://www.shichangbu.com/2007/0816/6841.html

[53] 搜狗百科 http://baike.sogou.com/v57310584.htm

[54] 搜狗图片 http://pic.sogou.com/